岡野友彦
Okano Tomohiko

源氏長者

武家政権の系譜

吉川弘文館

はしがき

「征夷《せいい》大将軍《たいしょうぐん》という地位は、それだけでは武家政権の真の正当性を示すものにはなり得なかったのではないか」

本書を通じて私が最も強調したいことをひとことで言い表すと、およそこんなことになるだろう。そもそも征夷大将軍とは、「夷狄《いてき》」を「征伐」する軍隊の総司令官という意味であり、そのような「一介の軍人」が、そのまま日本の王権を保持し得るはずがない。にもかかわらず、中世・近世において、征夷大将軍の地位にある人が、日本の最高権力を掌握していたということもまた、否定しようのない事実である。

従来、このような将軍職の地位を疑問視する研究は、征夷大将軍が天皇によって任命されているという、ほぼそれだけの点を以て、中世・近世においても、日本の君主は天皇であり続けたという主張へと流れる傾向があった。しかし、鎌倉時代の朝廷はともかく、江戸時代の朝廷が、なんらの政治権力をも有していなかったことは、誰の目にも明らかであろう。そもそも、もし中世・近世を通じて天皇が君主の地位にあり続けたとするならば、徳川慶喜《よしのぶ》が大政奉還する必要性そのものがなくなってしまうではないか。

そのような事実認識から、いわば折衷案として生まれたのが「大政委任論」であった。つまり、本来の君主である天皇が、たまたま征夷大将軍の地位にある人に対して、その権力を「委任」したという考え方である。

しかし、そうした考え方に立つにせよ、天皇はどうして摂政や関白に対してではなく、征夷大将軍という地位に託して政権を「委任」したのかという問題は残る。こうした問題に対し、「何人も自己の有する以上の権利を他人に付与することはできない」というローマ法の諺《ことわざ》を引いて、明快に「大政委任論」を否定された日本法制史の権威、石井良助氏は、戦国大名の分国がその「実力」によって切り取られたものであることから、その後身である江戸幕府が「実力」によって成立したことは明白であり、その権力は「決して朝廷より与えられたものではない」と述べられた（『天皇—天皇の生成および不親政の伝統』）。なおここで言う「実力」とは、武家政権にとっての「実力」である以上、「武力」のことに他なるまい。しからば武力を以て政権を掌握した武家政権の首長にとって、「征夷大将軍」ほどふさわしい地位はないということになる。

今日、いわば暗黙の了解として通説の位置を占めているこのような理解は、必ずと言っていいほど、それではなぜ、武力を以て政権を獲得した征夷大将軍は、その武力を以て天皇をも滅ぼし、名実ともに日本の君主になろうとしなかったのかという、お定まりの疑問へと結びついてしまう。

そこで用意されているのは、天皇の「貴種性」や「神秘性」などといった、これまたお定まりの回答である。しかし、「貴種性」と「神秘性」を持つ天皇が、武力によって政権を掌握した武家政権に対し、政権の「正統性」を付与するといった筋書きは、かつての「大政委任論」と大同小異ではないか。もっと根本的なところで、「将軍権力」なるものを見直すことはできないか。そもそも中世・近世は「武士の時代」と言われているが、それは本当に「むきだしの武力」だけがモノを言うような、殺伐とした時代だったのだろうか。

そんなことを考えていたある日、私は、足利義満にせよ徳川家康にせよ、「征夷大将軍」として政権を掌握したと言われている人々の多くが、「源氏長者」という「貴種性」を示す地位にも就いているという事実に気が付いた。そう言えば彼ら（義満や家康）が「源氏長者」の地位に留まっていた時、「征夷大将軍」の地位のみを譲られた足利義持や徳川秀忠は、お世辞にも政治権力者と呼べるような存在ではない。

とすると、ひょっとして武家が「征夷大将軍」となって政権を掌握したという理解そのものが間違っているのではないか。足利家や徳川家は「征夷大将軍」とともに「源氏長者」という地位を手に入れることで、真の意味で王権を掌握し得たのかも知れない。本書は、そのようなことを考えつつ、「源氏長者」というテーマに取り組み続けてきた私なりの素描とでも言うべきものである。したがって、本書の結論はその第四章に集約されているとも言えるわけだが、こと「源氏」というテーマに関しては、「源頼朝は『源氏の正統』だったのだから、当然『源氏長者』であったに違いない」とか、「『源氏でなければ将軍になれない』のだから、徳川家康が源氏に改姓したのは将軍になろうとしていたからだ」などといった俗説が、未だに一般の人々の間には浸透しており、そのような誤解のまま第四章だけを読まれると、「将軍が源氏に限定されるのは、源氏長者が日本国王に相当するからだ」と本書が主張しているようにすら誤読されかねない。

そこで本書では、まず序章・第一章で「氏（ウジ）とは何か」「源氏とは何か」「源氏長者とは何か」ということについて初歩的な理解を得ていただいた上で、第二章・第三章において、「清和源氏が源氏の正統である」とか、「将軍は源氏に限定される」などといった俗説を論破し、その上で、中世・近世における武家王権を考える上で、いかに「源氏長者」という地位が重要なのかという、本書の主張を展開していこうと思う。

このような主張に、どれだけの賛同が得られるかは、読者の判定を待つしかないが、一つだけ、「武家政権」を読み解くに当たって私たちが陥りがちな先入観を、事前に取り除いておきたい。それは、「権謀術数」を用いた（とされる）公家政権の支配より、正々堂々と「武力」を用いた（とされる）武家政権の支配の方に、「正当性」を感じてしまう「美意識」についてである。

たとえば、松の廊下で「逆ギレ」して刃物を振り回した浅野内匠頭《たくみのかみ》や、そんな主君への処罰を「逆恨み」して吉良邸でテロを働いた赤穂浪士たちが「善玉」で、最初から最後まで無抵抗・非暴力を貫いた吉良上野介《こうずけのすけ》が「悪玉」なのはなぜだろう。また、およそテレビの時代劇に登場する公家・貴族は、常に陰険で薄気味悪く、化け物のようなメーキャップをしているのはなぜか。源平合戦モノに登場する平家一門、「北条時宗」に登場した宗尊《むねたか》親王、「太平記」に登場した北条高時、戦国時代モノに登場する今川義元や足利義昭などもまたしかりである。もちろんこれは、実際の彼らがそろいもそろって「陰険」であったことを意味するものではなく、「武力」に「正義」を感じ取る「美意識」が、ドラマづくりに影響したものに相違ない。

このような「美意識」が、どのようにして日本人の精神に定着してきたのかを探ることは容易ではない。しかし、このような伝統的「武士観」を明快に批判された日本中世史の大家、上横手雅敬氏が指摘されているとおり（『日本史の快楽』）、その発端は江戸時代の学者が公家政治を非難し、「怠惰な公家が政治を顧みず、世の中が乱れたため、それに代わって質実剛健で逞しい武士が登場した」という筋書で、武家政治の登場を正当化したことにあると考えてほぼ間違いあるまい。また明治政府も、「王政復古」をスローガンとしていたため、公家社会を肯定的に捉えているかのように思われがちであるが、その一方で「富国強兵」というスローガンを掲げていたため、軟弱な公家よりむしろ勇猛な武家の方を高く評価する傾向が強く、時代が軍事色を強めていくに従い、勇猛果敢な武士に対する称賛の方が、より強調されていくこととなった。さらに戦後になるとこれにマルキシズムが加わり、武士道精神と階級闘争史観とが奇妙にドッキングした。すなわち、「腐敗した支配階級である貴族の圧制下で、しいたげられていた武士が、苦難に満ちた闘争の末に、かれらの政権をうち立てる」という筋書である。

しかし、当然の事ながら「むきだしの武力」は（それが「勇猛果敢」であろうが、「苦難に満ちた闘争」であろうが）、決して「支配の正当性」たり得ない。かつてマックス・ウェーバーは「支配の正当性」として、「伝統的支配」「カリスマ的支配」「合法的支配」という三つの理念型を提示したが、「暴力的支配」が正当性たり得ないことは論を待たないであろう。そこで、「伝統的支配」権を持つ天皇からの「大政委任」が必要になるというわけだが、先ほども述べたとおり「征夷大将軍」への任命は、軍事指揮権の正当性を付与するものでこそあれ、決して政治権力の正当性を委任するものではない。本書が「源氏長者」という地位に注目する所以《ゆえん》である。

にもかかわらず、これまでの研究が「征夷大将軍」を最高権力として疑わなかった背景には、「武家政権の実力」＝「武力」を「支配の正当性」として認めてしまう意識が大きく作用していたと私は思う。しかし、何度でも言おう。支配される人々にとって「正当性」がないと感じられる「武力」は、それがいかに強大な「武力」であったとしても、きわめて脆弱《ぜいじやく》なものだ。そんなことは冷戦終結後、世界最大の軍事力となったはずのアメリカ軍が、中東をはじめとする世界各地で直面している惨状を見れば明白ではないか。

「武力」＝「軍事力」への過信が、「暴力の連鎖」を生み出しているこんな時代だからこそ、「征夷大将軍」という地位を疑いたい。本書には、私のそんな思いもこめられているのである。

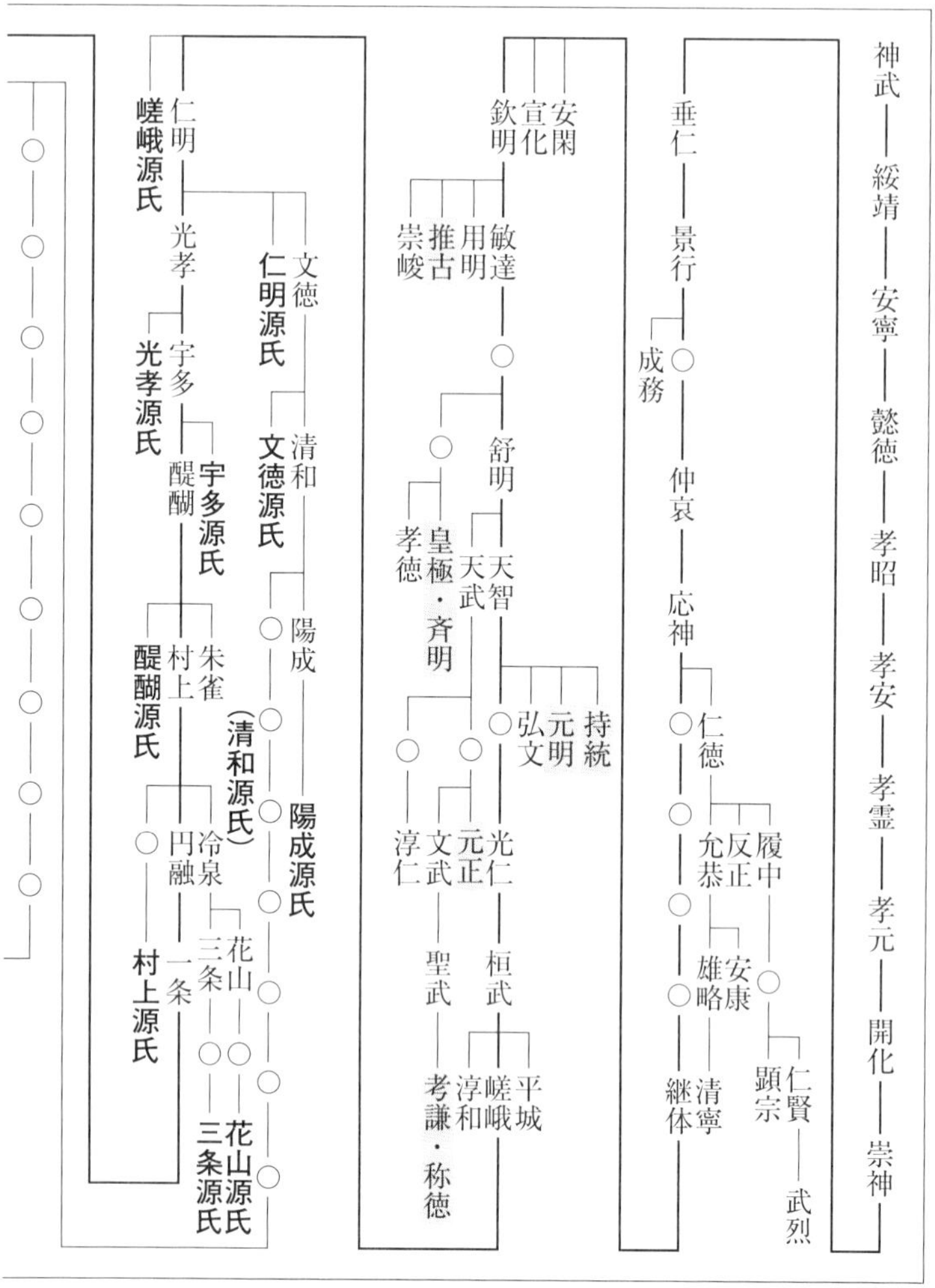

源氏はゴシックで示した。

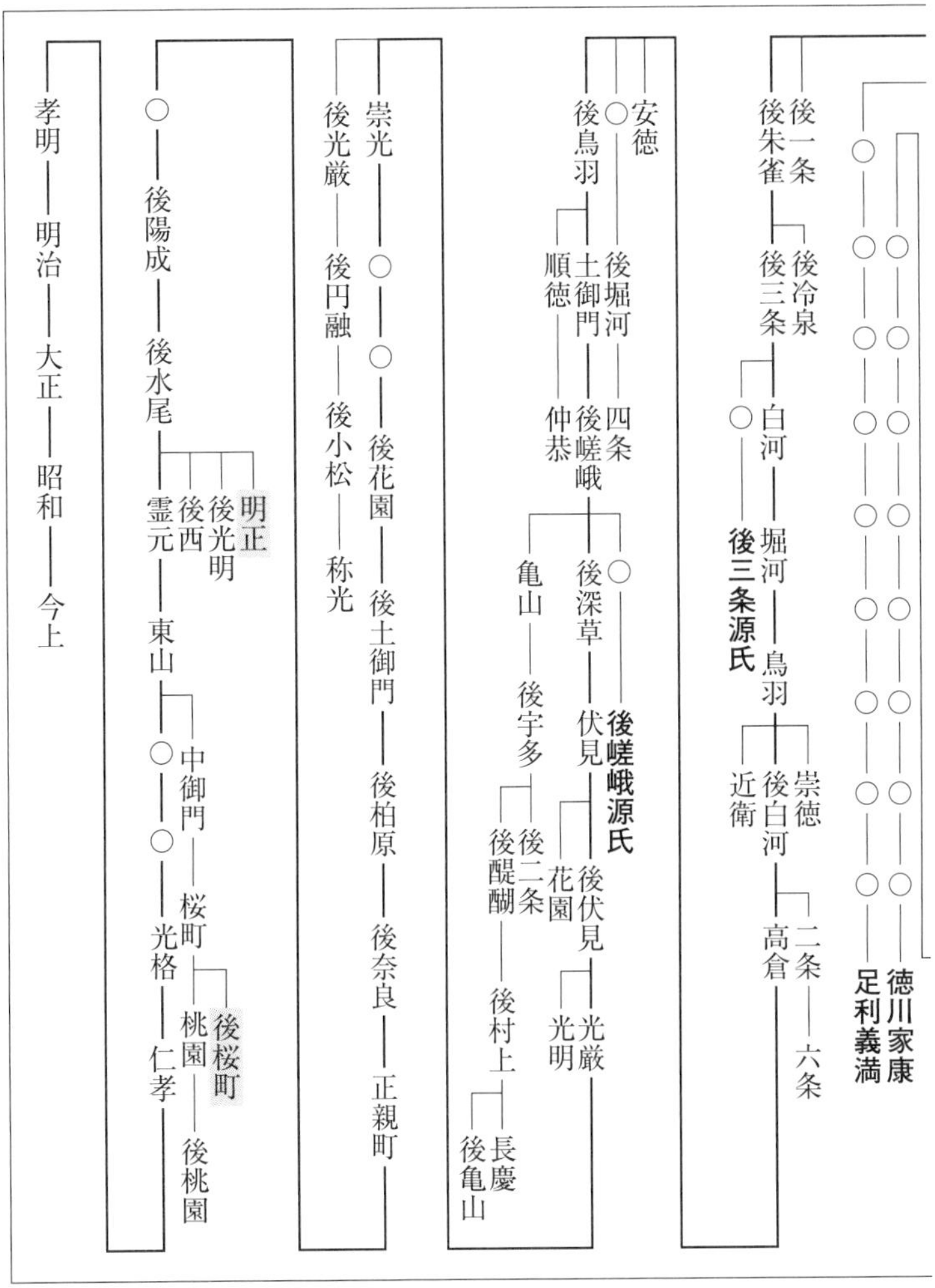

歴代天皇・源氏系図　凡例　正統は太線——、女帝は網掛け、不即位者は○、

目次

序章　源氏とは何か

『源氏物語』と源氏将軍

『源氏物語』ブームは「千年紀」を過ぎてもなお続いている。

しかしながら、『源氏物語』の「源氏」とは何かを、正確に答えられる人は意外と少ない。中にはカルチャーセンターの『源氏物語』を受講して、「桐壺《きりつぼ》」から「帚木《ははきぎ》」「空蝉《うつせみ》」と読みすすみ、「須磨《すま》」「明石《あかし》」に入ろうとするころになって

「先生、いつになったら義経が出てくるんですか」

と質問したという受講生もおられるという。

この受講生は、『平家物語』が平家一門の興亡を描いているように、『源氏物語』は源氏一門の歴史物語に違いないと信じて、ご贔屓の九郎判官義経サマがいつ登場するかと心待ちにしておられたとのことだが、実はかくいう私自身も、決してこの受講生のことを笑うことのできない過去を持っている。

小学生の頃、時代劇マニアだった私は、平清盛が主役だったＮＨＫの大河ドラマ「新平家物語」に対抗して、源頼朝や義経を主役にした「新源氏物語」という話しを勝手に作り、同級生たちとチャンバラごっこをして遊んでいたことがある。そんなある日、中学生になっていた姉から「源氏物語」と

いうのは、源氏と平家の物語ではなく、光源氏というプレーボーイが主役のラブストーリーなのだと聞いた時のショックは、なぜか、今でもよく覚えている。

今考えてみると、どうもあのときのショックには、京都で軟弱に堕落した「平家」ならいざ知らず、常に甲冑に身を包み、駿馬を駆って草深い東国を疾走していたイメージの強い「源氏」という言葉が、数々の女性たちとイチャイチャするばかりの「光源氏」のイメージと、余りにもかけ離れていたことが、関係していたように思われてならない。

光源氏のかっこよさなどわかるはずもない、思春期に入る以前の私たちにとって、公家や平家、今川義元や足利義昭などはいじめられっ子の役であり、源義経や織田信長のような暴れん坊こそが、まさに理想の姿であった。

こうした、平家や公家といえば軟弱で退廃的、源氏や武士といえば勇猛で健康的といったステレオタイプなイメージが、近世以降に「作られた」イメージであることについては「はしがき」で述べたとおりであるが、そんなことはもちろん小学生時代の私は知る由もない。ただ、軟弱な「光源氏」と、勇猛な「武家源氏」のギャップに違和感を覚え、この二つはたまたま同じ名前なだけで、全く無関係なんだと自分を納得させていた。しかし、この二つの「源氏」は、決して「無関係」ではない。私が本書で主張したかったことの一つは、実はこの点にある。

たとえば今日でも中学校の先生方は、歴史の授業で源氏と平家のことを教えるとき、「この「源氏」は、「源氏物語」の「源氏」じゃないよ！」

といった教え方をされてはいないだろうか。確かに、中学や高校の限られた授業時間数の中で、あたかも源頼朝が光源氏の子孫であるかような勘違いを起こす恐れのある教え方は避けるべきだろう。しかし、なぜ光源氏も、頼朝も、さらには尊氏も、家康も、みんな源氏なのかという疑問には、きちんと答える準備をしておく必要があると私は思う。

源氏は三代で滅亡？

「源氏」にからんだよくある勘違いとしてもう一つ。これは私が大学院生の頃、学部学生の歴史研究サークルに参加して、後輩たちと古文書（くずし字）を読んでいた頃の話しである。

どんな古文書であったかは忘れてしまったが、ある室町時代の古文書を読んでいた時、学生の一人が、

「この古文書はニセモノではないですか？」

と聞いてきた。私がどうしてそう思うのか、その学生に尋ねたところ、

「この古文書の中には、源氏の姓を名のる人が何人も出てきますが、源氏という家は、鎌倉時代の初め、源実朝が鶴岡八幡宮で暗殺された時に滅亡したと教わってきました。だから室町時代に源氏はいないはずです。」

という。

そこで私は、室町将軍家の足利家も、その宿敵である新田家も実は源氏であること、教科書に「源氏は三代で滅亡した」などと書かれているのは、「源氏の正統」が三代で滅んだという意味であって、

いわば「源氏の分家」は、無数に生き残っていたことを説明したが、どうもその学生は、今ひとつ納得できないという様子であった。

足利家も新田家も実は源氏なのだという説明が納得を得られない最大の原因として、平安時代の終わりに足利や新田などと名のっていた家が、なぜ、室町時代になっても源という姓を使い続けたのかという疑問があるらしい。この素朴な疑問に答えるためには、「姓《せい》」と「苗字《みょうじ》」が別のものだということを説明する必要がある。

すなわち、源・平・藤原などといった氏（ウジ）の名である「姓」と、足利・新田・北条などといった家（イエ）の名である「苗字」（名字ともいう）は、本来まったく次元のことなるものであり、「足利」という苗字は、「源」という姓とはまったく別の次元で、新たに付けられた名前だったのである。したがって、足利家や新田家の人々が、その家名とは次元のことなる「源」という姓を、いつまでも使い続けていて何の不思議もない。

つまり「源」という氏は、決して「足利」や「新田」に姿を変えたのではなく、あくまでも「源氏」のままで生き残っていた。「源氏」は、実朝の時に滅亡してなどいなかったのである。

姓と苗字の違い

それでは、姓と苗字は、具体的にどこがどう違うのであろうか。

中世の氏と家に関する研究の第一人者である中央大学の坂田聡氏は、姓と苗字の相違点を次のように簡潔かつ的確に説明しておられる（『苗字と名前の歴史』）。

①第一に、姓は国家が外国文化を移植・導入して、上から制定したものであるのに対し、苗字は個々の武士の家が確立したことによって、下から自然発生的に成立したと考えられる。

②第二に、姓は天皇によって賜与される公的な名なのに対し、苗字は本来的には私称する名だとみなすことができる。

③第三に、姓は父系血縁原理によって継承されるものであり、少なくとも八世紀末〜九世紀以降は父系血縁集団化した氏の名（氏名）と規定しても大過ない。これに対し苗字の方は、あくまでも家の名（家名）であって、決して血族名ではない。

なお、姓は本来「カバネ」と読んで、臣《おみ》、連《むらじ》、君《きみ》、直《あたい》、造《みやつこ》、史《ふひと》などといった、日本古代の豪族が氏名のもとにつけた称号を意味したが、律令体制が確立すると、そうしたカバネの果たした役割は官位の制度に徐々に取って代わられ、平安時代にカバネの形骸化が決定的となる。その結果、いつしか姓をカバネと読む風習も廃れ、氏の名＝姓（セイ）とみなされるようになっていったのである。

これらの「姓」は、原則として「天皇によって賜与される公式な名」という点にその最大の共通点がある。したがって中央貴族はもちろん、地方の武士にいたるまで、天皇との関係が生じる際、例えば朝廷から官職を与えられる公文書である宣旨や口宣案などには、必ず苗字ではなく姓が用いられた。

よく皇室に姓がないのはなぜかと言われることがあるが、そもそも姓というものが「天皇から与えられる名前」であったことを考えれば、与える側の天皇とその一族に姓がないのもまた当然のことと言える。そしてまたそのことは、たとえ天皇の一族であったとしても、天皇から姓を与えられた瞬間に、天皇の臣下になることを意味していた。これを臣下の戸籍に編入するという意味で「賜姓臣籍《しせいしんせき》降下《こうか》」と呼んだ。本書がテーマとして取り上げる源氏とは、まさにそうした一族だったのである。

豊臣秀吉は「とよとみのひでよし」

ところで私は旧著『家康はなぜ江戸を選んだか』の中で、次のように述べたことがある。

「みなもとのよりとも」「たいらのきよもり」「ふじわらのみちなが」などといった、一般に「の」を付けて呼ばれる源・平・藤原・橘・菅原・賀茂などは「氏」であり、これは同一の祖先から発した血族全体を指す。これに対して「ほうじょうまさこ」「あしかがたかうじ」「くじょうかねざね」などといった、「の」を付けて呼ばない北条・新田・足利・近衛・九条・松平・徳川などは「名字」であり、住居や所領の地名に由来する「家」という親族集団の呼称なのである。

この本を出版した翌年、大学の授業でこの話しをしたところ、学生の一人が授業の終わった後で次のように質問してきた。

「N県にあるS神社の神主さんは、神代から続く「姓」を名のっているにもかかわらず、姓の下に「の」を付けて呼ばれていません。これはなぜですか。」

この学生は、その社家があまりにも珍しい苗字を名のっていたために、このような疑問を持ったようであるが、実際のところ、今日ごくありふれた苗字の中にも、大江・大伴・菅原・藤原などといった、「姓」の系譜を引くような名前は少なからず見受けられる。しかし当然のことながら、たとえば藤原紀香を「ふじわらののりか」、平愛梨を「たいらのあいり」などと呼ぶ人は、NHKのコント番組ライフの三津屋寛治氏を除けば一人もいないだろう。

実はこうした名前のほとんどは、中世から明治初頭にいたるなんらかの時点（その大半は明治八年の「苗字必称令」の時点）において、古代の「姓」にちなんで新たに付けられた「苗字」だったのである。もちろんそれらの中には、正真正銘の古代以来の「姓」が生き残っていた場合もある。しかし、明治新政府は明治四年（一八七一）、今後、位記・官記をはじめとする公文書に、姓を除き苗字を用いるべきことを定めており、そうした精神の下で発せられた「苗字必称令」を受けて戸籍に登載された「姓」は、もはや「苗字」になってしまったと考えた方がよい。

そもそも「苗字必称令」を出した明治政府自身が、苗字と姓を混同していた節がある。何よりも明治二十三年（一八九〇）の民法制定以来、今日に至るまで、苗字のことを法律上は「氏」と呼んでいることと自体が、両者の混同の根深さを示していよう。

こうした姓と苗字の混乱から起こる勘違いの一つに、豊臣秀吉の改姓問題がある。一般に秀吉は、「木下」から「羽柴」を経て「豊臣」に改姓したように思われているが、「木下」や「羽柴」が家の名前としての苗字であるのに対し、「豊臣」は後陽成天皇から賜った姓であり、「羽柴」から「豊臣」に改姓するということはあり得ない。実際、古代・中世の高官職員録ともいうべき『公卿《くぎょう》補任《ぶにん》』という史料を見ると、秀吉は天正十年（一五八二）、本能寺の変で没した「平信長（織田信長）」の後を受けるように「平秀吉」として登場し、天正十三年の関白任官に際し、近衛前久の猶子となって「藤原秀吉」を名のり、その翌年、豊臣の姓を賜って「豊臣秀吉」を名のるようになっている。つまり、秀吉は「平」から「藤原」そして「豊臣」と改姓しているのであって、この間、秀吉の苗字はあくまでも「羽柴」のままであった。

「豊臣」と「羽柴」が共存し続けたことは、江戸時代を通じて、備中《びっちゅう》足守《あしもり》藩の藩主木下家（秀吉の正室おねの実家）が、「木下」の苗字と「豊臣」の姓を使用し続けていることからも明らかであろう。恐らく、秀吉の苗字は死ぬまで「羽柴」であり、それは秀頼もまた同様であったと思われる。そして「豊臣秀吉」や「豊臣秀頼」は、「豊臣」が姓である以上、「とよとみのひでよし」・「とよとみのひでより」と読むのが正しい（橋本政宣「「おた」信長と「とよとみの」秀吉」）。

夫婦別姓は日本の伝統か

ところで今、私は「木下」はおねの実家の苗字であると言ったが、それではおねは、秀吉と同じ「木下」という苗字を名のっていたのだろうか。

近年、女性の社会進出にともなって、夫婦別姓に関する議論が盛んであり、そうした議論の中で、いわゆる保守派の人々が「夫婦同姓は日本古来の伝統だ」と主張し、これに対していわゆるリベラルな歴史家たちが、北条政子や日野富子の例を持ち出し、「日本の伝統はむしろ夫婦別姓である」などと主張しているのを目にすることがある。こうした主張は両方とも、一面では正しく、また一面では間違っているのだが、実はこの混乱もまた、姓と苗字の混同から起きた誤解の一つに他ならない。

私は先に、姓と苗字の相違点の③として、「姓は父系血縁原理によって継承されるもの」であるのに対し「苗字の方は、あくまでも家の名（家名）」であると述べた。このことを、夫婦の姓・苗字の問題に引き付けて考えると、姓は「血縁原理」によって継承されるため、たとえ誰と結婚しようと生涯変わることがないのに対し、苗字は「家」の名前なので、結婚するまでは生家の苗字、結婚してからは婚家の苗字を名のるということが原則になる。つまり夫婦は、姓の次元では（同姓の人と結婚しない限り）必ず別姓、苗字の次元では同苗字というのが「日本の伝統」であった。

したがって北条政子や日野富子は、正しくは平政子・藤原富子と称するべきであり、実際、鎌倉幕府の公式記録である『吾妻鏡』の正治元年（一一九九）二月条を見ると、政子は「従二位《じゅにい》平政子」と記されている。それではなぜ、近世の歴史書以来、北条政子・日野富子という呼び名が定着してきたのだろうか。私はこれにもまた、姓と苗字の混同という問題がからんでいると考えている。

中世の古文書を見ていると、女性が公的な文書に顔を出す場合、そのほとんどは「平氏女」「みなもとのうち」「藤原氏」「大江氏女」などと、実家の姓で表記されており、「久我尼」「相馬尼」のように婚家の苗字で表記されるのは、夫に先立たれ、いわゆる「後家尼」となった時に限られる。どうやらこれは、中世の女性が「家という社会組織」の正式な構成員として認められていなかったことを意味するらしい。

中世における「家」というものは、現代における「家庭」とはことなり、特定の家業と、それを経営するための家産を伝える「社会組織」であり、それがたまたま一定の「血縁集団」によって運営されているに過ぎない。つまり、言うなれば現代における一族経営の会社組織のようなものとお考えいただければよいだろう。例えば今日でも、たとえ夫が社長、息子が専務、孫が部長をしていたとしても、その社長夫人は決して組織の人間ではない。しかし社長亡き後、その未亡人が社長職を引き継いだ場合、彼女はもちろん組織の人間となる。「後家尼」が婚家の苗字を名のるとは、まさにそうした意味であった。

その意味において中世女性の大多数は、「家」から疎外された「氏」の世界にのみ生きる存在だったのであり、その結果、夫婦は別姓のままが一般的で、同苗字を名のるということはほとんどなかった。中世女性の氏名をめぐるこうした傾向は、十五世紀以降のいわゆる「下剋上」の中で、出自の姓の定かでないような家が台頭し、姓というものがほとんど使用されなくなった後も継続し、その結果、中世前期に「みなもとのうち」「藤原氏」などと称したのと同様の感覚で、秀吉の正室おねを「杉原氏」、徳川秀忠の正室お江を「浅井氏」などと、生家の苗字で称するようになっていったらしい。北条政子・日野富子などといった呼び方は、こうした流れの中で定着していったものと思われる。

姓は変えられるのか

さて問題のおねである。私は先に「木下」はおねの実家の苗字だと述べた。ところが今回は、「杉原」がおねの生家の苗字であると述べた。さらにおねは一般に、浅野長勝の娘であったとされている。この「木下」「杉原」「浅野」という三つの苗字は、どのように理解したらよいのだろうか。

中世女性史研究の第一人者である田端泰子氏によれば、その三家は次のように整理されている。すなわち、おねの父の本来の苗字はわからないが、おねの母「朝日」と結婚する際、彼女の生家である「杉原」の婿養子に入り、杉原定利と名乗った。この定利の嫡男である家定は、おねの異母弟に当たることから秀吉に厚遇され、後に木下・羽柴の苗字と豊臣の姓を名乗ることを許され、備中足守藩二万五千石の藩祖となった。これが木下家定である。したがっておねは「杉原」の家に生まれたが、その実家が「木下」へと苗字を改めたというのが真相に近い。さらにおねは、秀吉と結婚する前に、何らかの事情で浅野長勝の養女となっており、そのため秀吉は浅野家を妻の実家として厚遇したとされている（『北政所おね』）。

ところで、先ほど私は、姓は血縁原理によって継承されるため、生涯変わることがないと述べたが、その一方で、秀吉は近衛前久の猶子となることで藤原に改姓し、次いで豊臣に改姓したとも述べた。それでは果たして、姓は変えられるのか、それとも変わることがないのか、どちらが正しいのであろうか。

本来、氏姓制度は五世紀末以降に、大和朝廷が大陸の文化を移入したものと推測されており、その成立の経緯から言って、中国や朝鮮の姓が婚姻などによって変わらないのと同様、生涯変わることがないのを原則とした。しかし、七～八世紀に制定された律令の一つである「戸婚律」を見ると、三歳以下で「異姓」の養子となった者は、その養父の姓に改めることが許されており、わが国では比較的早くから、養子による改姓が例外的にではあれ認められていたようである。その結果、十世紀以降のいわゆる律令制の弛緩にともない、本来父系血縁原理を原則としていたはずの姓の制度は、この「異姓養子」の制度が拡大解釈され、きわめて日本的な、融通無碍《ゆうずうむげ》なものに換骨奪胎《かんこつだったい》されていったらしい。ことに十五～十六世紀、戦国時代以降の姓が血のつながりとは全く無関係に、養子縁組などによって変えられるようになっていったことは、秀吉の例を持ち出すまでもなく、よく知られているとおりである。

日本の女帝は必ず独身

しかしその一方で、姓は簡単には変えられず、しかも父系血縁原理によってのみ継承されるという意識は、わが国の根幹にかかわるところで、根強く息づいていた。それこそ一時期論壇をにぎわせた「女性天皇はいたが、女系天皇はいない」という事実である。周知のとおり日本史上に確認できる八人（十代）の女性天皇は、皇位に就いた後はすべて生涯独身を通している。これは、婚姻によって変更できず、かつ父系血縁原理のみによって継承されるという「姓」の性格から、女性天皇が入り婿をとった場合、その男性の姓が次世代の皇族に継承されて、天皇家の姓が変わってしまう（正確に言うと天皇家の場合、姓を与える立場の天皇に姓が生じてしまう）ことを恐れたからに他なるまい。

もちろん、入り婿を皇族の中からとれば、姓が改まるということはないわけだが、その場合は、婿に入った男子皇族の方が天皇となり、婿をとった皇女自身が即位するということはなかった。次の系図に示した継体《けいたい》天皇や光仁《こうにん》天皇はその代表例である。日本には、エリザベス女王とエジンバラ公のようなカップルは存在しなかったのである。

時代は下るが、南北朝時代に南朝の重臣北畠親房《きたばたけちかふさ》が著した『神皇正統記《じんのうしょうとうき》』という歴史書を見ると、この継体天皇・光仁天皇の即位は次のように記されている。

第二十七代、第二十世、継体天皇は応神《おうじん》五世の御孫也。応神第八の御子隼総別《はやぶさわけ》の皇子、其子大迹《おほと》の王、其子私斐《しい》の王、其子彦主人《ひこぬし》の王、其子男大迹《おほと》の王と申は此天皇にまします。（中略）仁賢《にんけん》の御女手白香《たしらか》の皇女を皇后とす。（中略）応神御子おほく聞え給しに、仁徳賢王にてましまししかど、御すゑたえにき。隼総別の御すゑ、かく世をたもたせ給こと、いかなる故《ゆゑ》にかおぼつかなし。（中略）天照大神の御本意にこそと見えたり。（後略）

第四十九代、第二十七世、光仁天皇は施基《しきの》皇子の子、天智天皇の御孫也。（中略）天武世をしり給しよりあらそひ申人なかりき。しかれど天智御兄にてまづ日嗣《ひつぎ》をうけ給。そのかみ逆臣を誅し、国家をも安し給へり。この君のかく継体にそなはり給、猶正《ただしき》にかへるべきいはれなるにこそ。（後略）

系図①

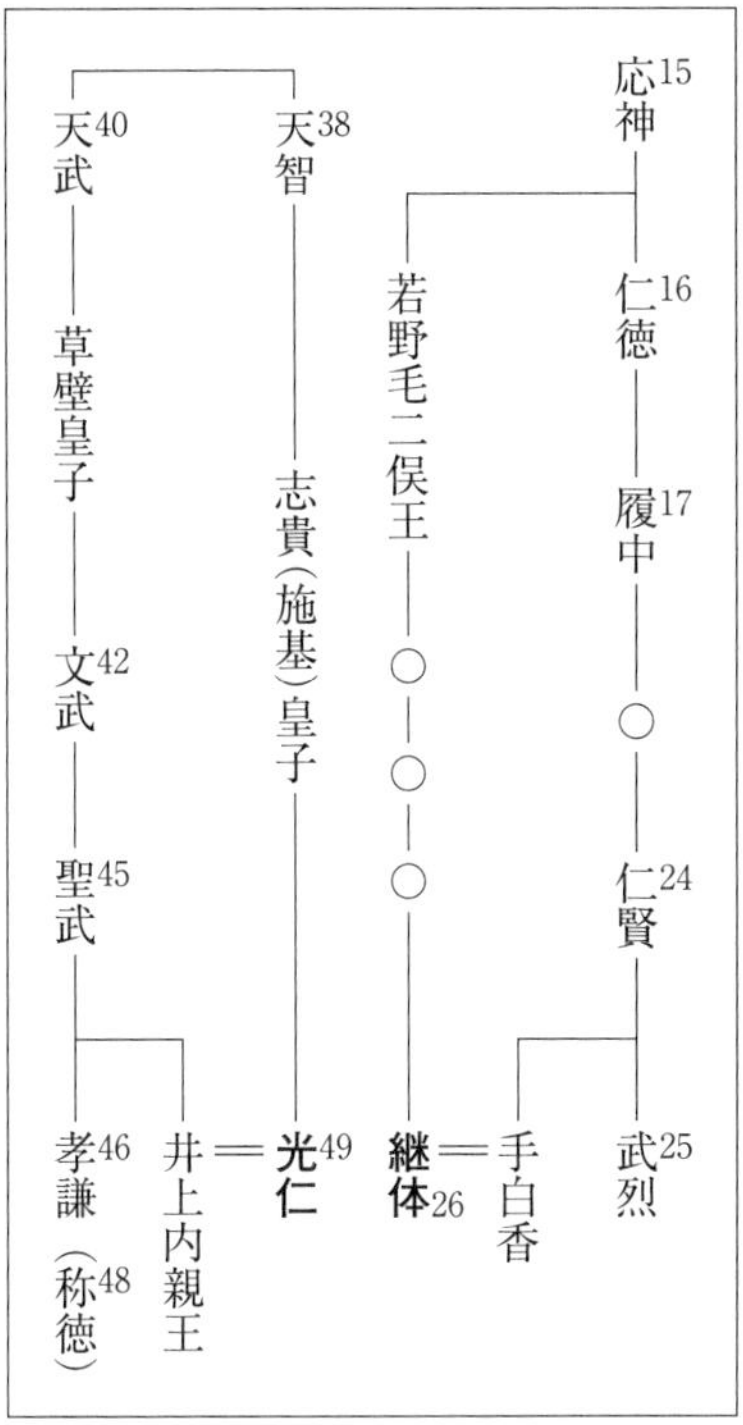

この『神皇正統記』の記述からは、継体天皇や光仁天皇が、仁賢天皇や聖武天皇の娘婿として天皇家を継承したという歴史認識はみじんも感じられない。むしろ仁徳天皇や天武天皇の皇統は途絶え、

隼総別皇子（正しくは若野毛二俣王《わかぬけふたまた》）や天智天皇の流れが「継体の正統」になったと認識されていたことが理解できよう。つまり皇位というものは、「家」の原理により、皇女が皇族男子を婿に取ることによっても継承することができるが、皇統というものは「氏」の原理、すなわちあくまでも「父系血縁原理」によってのみ継承されると考えられていたのである。

そのことは、右の『神皇正統記』において、それぞれの天皇の代数の次に記された「第○○世」という表記に、よりいっそう明白である。

王氏という氏

河内祥輔氏『中世の天皇観』によると、『神皇正統記』に記された「第○○世」という表記は、「皇位継承の順番」を表した「第○○代」という表記とはことなり、「初代の神武から当該の天皇までを繋ぐ直系（父子一系）の世数」を表しているという。そして『神皇正統記』を著した親房にとって、この「第○○世」の系列こそが「まことの継体（皇位継承の本体）」に他ならなかったというのである。ちなみに、神武天皇から今上天皇までをつなぐ直系（父子一系）の系列を太線で結ぶと本書巻頭系図のようになり、このうち、神武天皇から後嵯峨天皇までの四十六世三十九人は『神皇正統記』に「第○○世」と記された「正統」の天皇と完全に一致する。

この系図が「父子一系」である以上、そこには男系の皇統が途絶えてしまった仁徳天皇から武烈天皇にいたる九代の天皇や、天武天皇から称徳天皇にいたる九代の天皇などは、その線上に載ってこない。

このような、皇統は「父子一系」によってのみ伝えられるという認識が、継体朝や光仁朝において既に成立していたか否かを判断することは難しいが、継体朝の時はともかく、光仁朝の際には、聖武天皇の内親王で光仁天皇の皇后となった井上内親王が、光仁天皇即位のわずか二年後に「巫蠱《ふこ》に坐せられ廃せられ（呪《のろ》いで人を殺す罪に連座して皇后の地位を追われ）」ていることを考えると、「聖武天皇の娘婿として天武系の跡を継いだ」というよりは、「天武系の皇統を廃し、天智系の皇統を復興した」という認識の方が強かったと考えてほぼ間違いあるまい。この意味において皇統なるものは、あくまでも「父系血縁原理」のみによって伝えられる「氏」としての性格を、古代以来、中世にいたるまで、色濃く持ち続けていたと考えることが許されよう。

本書がテーマとする「源氏」という「氏」は、実はこの「皇統」という「氏」の幹から生えた枝の一つに他ならない。なお、一般にはこの太い幹のことを、「天皇家」あるいは「王家」などと称しているが、これがいわゆる「家」の論理によって継承されてきたものでないことは明白なので、「天皇家」「王家」などと称することは正しくない（この点については次章でも詳述する）。そこで本書では、この「皇統」という幹を中心として、その周りを皇族や、源氏をはじめとする数々の皇親賜姓氏族が取り囲んだところの、広い意味での「氏」的な存在を、仮に「王氏」という言葉で呼ぶことにしたい。

ちなみに、狭い意味で言う「王氏」とは、『律令《りつりよう》』の規定によると、皇兄弟と皇子（一世）が「親王《しんのう》」、皇孫（二世）・皇曾孫（三世）・皇玄孫（四世）が「諸王」と定められていたため、歴代天皇の二世孫から四世孫までを「王氏」と称するのが正しい。但し、『律令』もまた、五世孫は皇親の範囲外としながら「王名」を称することを許していたり、六世以下の皇孫が「王名」を称することを禁じていなかったりしたため、実際には五世はもちろん、六世・七世・八世の皇孫で「王氏」を称した者も確認されている。そして、本書がテーマとする源氏をはじめ、皇親で姓を賜り臣籍に下った者もまた、広い意味の「王氏」と呼ばれるようになっていく。

また逆に、平安中期以降に「親王宣下」の制が起こると、たとえ皇子女・皇兄弟であっても、天皇から「親王宣下」を受けない限りは「王」と称する他なくなり、天皇の子女・兄弟もまた「王氏」と呼ばれるようになる。こうして皇子女・皇兄弟を中心として、歴代天皇の皇孫がその周りに位置づけられ、そのまた周辺を、源氏をはじめとする数々の皇親賜姓氏族が取り囲んだところの、広い意味の「王氏」ができあがってきたのである。

「氏」の論理に貫かれた「王氏」を理解できなければ、その分枝たる「源氏」を理解することができず、その根幹をなす「天皇」を理解することができない。「源氏」と「天皇」を理解することができなければ、「将軍」と「源氏長者」を理解することができず、ひいては「日本の歴史」そのものを理解することができない。本書が「源氏」をキーワードにして「日本の歴史」を読み直そうとするのは、基本的にはこうしたスタンスによっているのである。

第一章　源氏誕生

1　最初の源氏は誰か

源氏誕生秘話

嵯峨《さが》天皇の精力絶倫こそが、「源氏誕生」の真の原因であるなどと申し上げたら、いささか失礼に過ぎようか。

よく「日本史こぼれ話」的な本を読んでいると、日本史上最高の「子だくさん」は、江戸幕府第十一代将軍徳川家斉《いえなり》であるとされることが多い。確かに家斉は、六十八年の生涯で四十人の側室に五十五人の子女を生ませているのだから、「日本一の子だくさん」であることは否定できまい。しかし嵯峨天皇もまた、五十六年の生涯を通じて后妃夫人は少なくとも三十人以上、皇子皇女は五十人にのぼり、決して引けを取らない。むしろ単年あたりの平均所生数で比べれば、家斉の年〇・八人に対し、嵯峨天皇は年〇・九人と勝っており、「日本一の精力絶倫」と申し上げてもよろしかろう。

さて、五十人もの皇子皇女が生まれたことはめでたいことに違いないが、もし彼ら全員が皇族として成長し続けるならば、そのことは朝廷に深刻な財政難をもたらすことになりかねない。そうした財

系図②

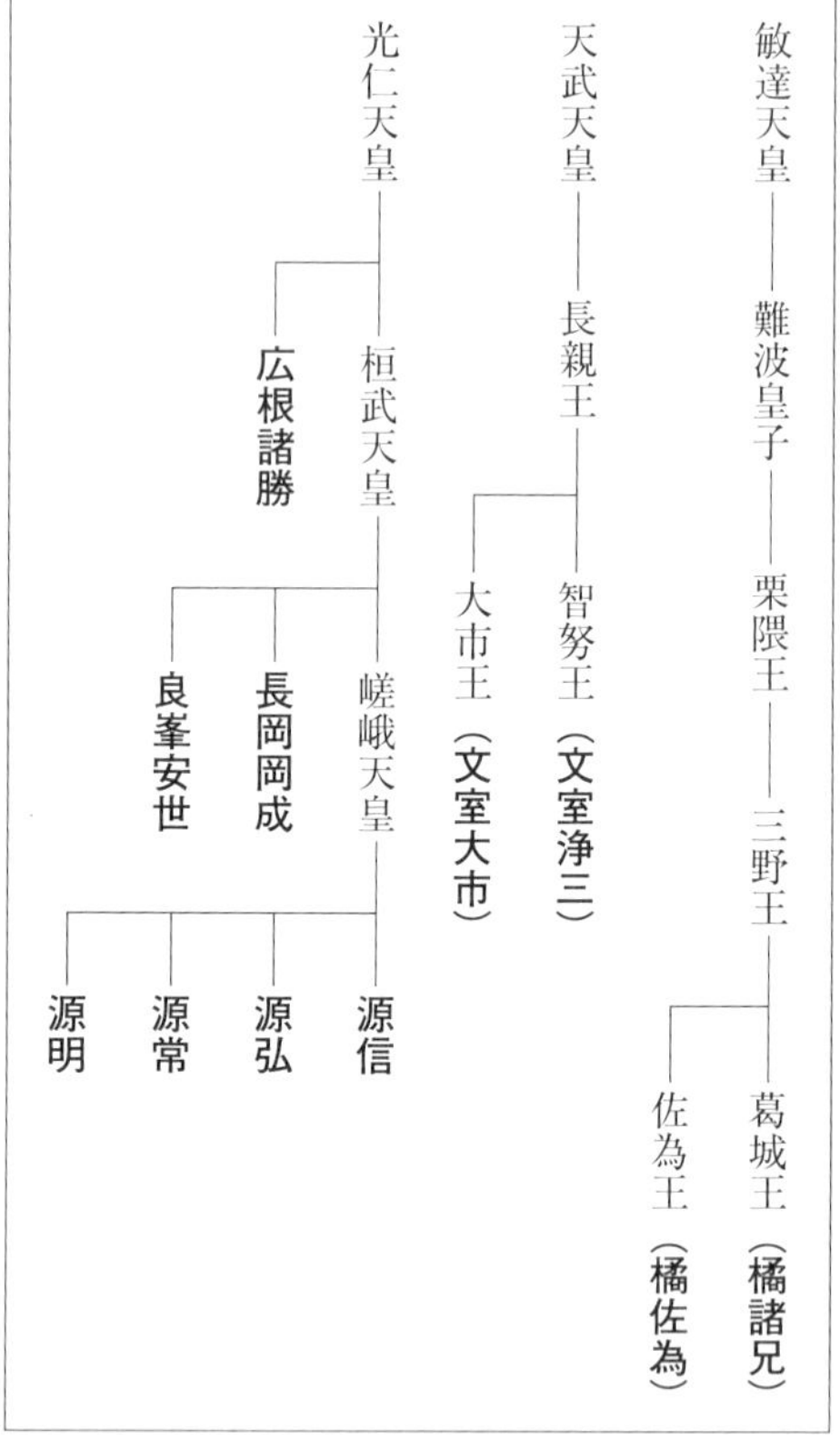

政危機を未然に防ぐ方法、それは彼らの一部を皇族から切り離すしかなかった。例えば今日でも、本来会社の経営再建を意味する言葉であった「リストラ」が、いつの間にか「解雇」を意味する言葉となっていったように、人件費の削減は古今東西を通じた財政再建の特効薬である。つまり嵯峨天皇は、多くの皇子女をなすと同時に、彼らをいわば「リストラ」しなければならないという課題を抱え込むことになったのであり、そうした史上初の大規模な「皇族リストラ」に用いられた手段こそ、源《みなもと》の姓を与えて臣下の籍に下すという「源氏賜姓」であった。

弘仁五年（八一四）五月八日、嵯峨天皇は、信《まこと》・弘《ひろむ》・常《ときわ》・明《あきら》・貞姫・潔姫・全姫・善姫という八人の子女に源の姓を与えたのを初めとして、最終的にはその所生男女五十人のうち、三十二人に対

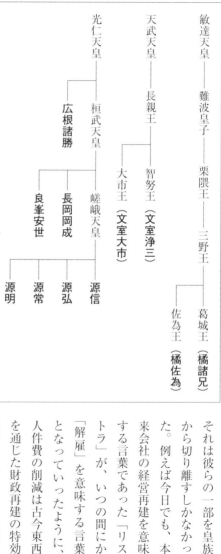

して源の姓を与え、これを臣籍に降下せしめた。これこそ「源氏誕生」の瞬間である。

天皇が皇族に姓を与えて臣籍に下すということは古くから行われてきたが、そのほとんどは天皇から何世代もたった王に姓を与えるというものであり、例えば、源平藤橘とならび称される橘《たちばな》氏は、敏達《びたつ》天皇の四世孫に当たる葛城王《かつらぎ》（橘諸兄）・佐為王《さい》（橘佐為）兄弟に始まる氏であった。天皇の孫に対する賜姓としては、天武天皇の皇孫、智努王《ちぬ》・大市王《おおち》兄弟に文室《ふんや》の姓を賜ったのが最初とされており、皇子に対する賜姓としては、光仁天皇の皇子に広根、桓武天皇の皇子に長岡・良峯の姓を賜ったという前例があるものの、これらはいずれも一人の皇子に一つの姓を与えたものであり、複数の皇子に対し、一括して同じ姓を与えるというのは前例がなかった。

准皇族としての源氏

こうした異例な賜姓は、源氏という氏に、ある特殊な性格を持たせる結果となった。

元来「氏」というものは、父系制的な出自集団であるところにその特色があり、同一の姓を名のる人々はすべて、その祖先を父系制的にたどっていくと、必ず単一の祖先に行き着くという共通点を有していた。蘇我《そが》氏であれば蘇我稲目《いなめ》、大伴《おおとも》氏であれば大伴室屋《むろや》、藤原氏であれば藤原鎌足《かまたり》などがそれにあたる。上述してきた皇親賜姓氏族の場合、橘氏であれば三野王《みの》、文室氏であれば長親王《なが》が、その氏族にとっての単一の祖先ということになり、逆に言うと三野王の子孫は必ず橘姓、長親王の子孫は必ず文室姓を名のっていたということになる。

ところが源氏の場合、源の姓を名のる人々すべてにとって、共通する単一の祖先は嵯峨天皇その人ということになり、逆に嵯峨天皇の子孫には、源氏以外にもちろん皇族という氏族が存在した。つまり源氏は、ある特定の始祖を共有する氏族集団として臣籍に下していたそれまでの賜姓氏族とは異なり、「氏」的なまとまりとしては、あくまでも皇族としての性格を色濃く残したまま、いわば「たまたま臣籍に身を置く皇族」として成立したと言うことができる。そもそも「源」という姓が「祖先すなわち天皇と源を同じうする」という意味を持っていたこと自体、源氏という氏の「准皇族」的性格を明確に言い表していよう。

こうした源氏という「氏」の特殊性は、承和二年（八三五）、嵯峨天皇の第一皇子である仁明《にんみよう》天皇が、その皇子を臣籍に下す際、「別姓とせしめず被るに源氏を以てす」として、嵯峨源氏と同じ源の姓を与えたことで、より鮮明になった。すなわち、仁明源氏にとって共通の祖先はあくまでも仁明天皇だが、源という姓を名のる人々すべてにとっての共通の祖先は嵯峨天皇であり、それはまた、その当時のすべての皇族にとっても同様だったからである。そして、この傾向はその後、有名な清和源氏・宇多源氏・村上源氏などが、平安時代を通じたほぼ歴代の天皇から輩出するにおよび、よりいっそう顕著になっていった。ちなみに歴代天皇と諸源氏との関係を系図上に示すと巻頭の系図のようになる。

初代源氏長者は誰か

こうした源氏という「氏」の「准皇族」的性格は、その後の源氏と皇族の歴史に様々な影響を与えたに違いない。私が本書で問題としたかったことの一つはまさにこの点にあるわけだが、この問題を解いていくためのキーワードとして、ここで「源氏《げんじ》長者《ちょうじゃ》」という地位に注目してみたい。

「氏長者」とは、古代の氏上《うじのかみ》の系譜を引く氏の統率者であり、氏寺や氏社の祭祀、大学別曹や氏院《うじのいん》の管理、氏爵《うじのしゃく》の推挙などを行うのを常とした。中でも氏爵は、その氏の正六位上の者の中から毎年一人、氏長者が推挙した者を従五位下に叙すという制度であり、その意味で氏長者は、氏人たちの出世のカギを握る重要な地位であった。大伴氏・高階《たかしな》氏・中臣《なかとみ》氏・忌部《いんべ》氏・卜部《うらべ》氏・越智《おち》氏・菅原《すがわら》氏・和気《わけ》氏などに氏長者のいたことが知られているが、氏爵を行えるような氏長者は、藤氏長者・橘氏長者・王氏長者、そして源氏長者の四つに限られていた。ちなみに、平安末期にいたる藤原氏長者と橘氏長者の継承者を、系図集として最も史料的価値が高いとされる『尊卑《そんぴ》分脈《ぶんみゃく》』によって示すと次頁の系図③④のようになる。

このように藤原氏や橘氏の場合、それぞれ藤原不比等《ふひと》や橘諸兄《もろえ》を共通の祖先と仰ぐ一族の中で、いわば本家の家長にあたる人が「氏長者」を勤めればそれでよい。しかし源氏の場合、嵯峨源氏から清和源氏・村上源氏までを含めた一族全体の中で、いわば本家にあたる家とは天皇家そのものに当たり、その家長である天皇が、源氏長者を兼ねるというわけにはいかない。それでは源氏長者の地位は、それらの一族の中でどのように伝えられてきたのだろうか。

現在に残されている史料の中で、確認し得る最古の源氏長者は、平安中期の儀式書である『西宮記《さいきゅうき》』に「王卿の中、弘仁の御後に触るる人を以て長者と為す。重明《しげあきら》親王・参議等《ひとし》は是れなり」と記された重明親王と源等の二人である。すなわち『西宮記』によると、源氏長者は、臣籍に下って

系図③　**藤原氏長者系図**（『尊卑分脈』から「氏長者」の記載のある者を抽出した）

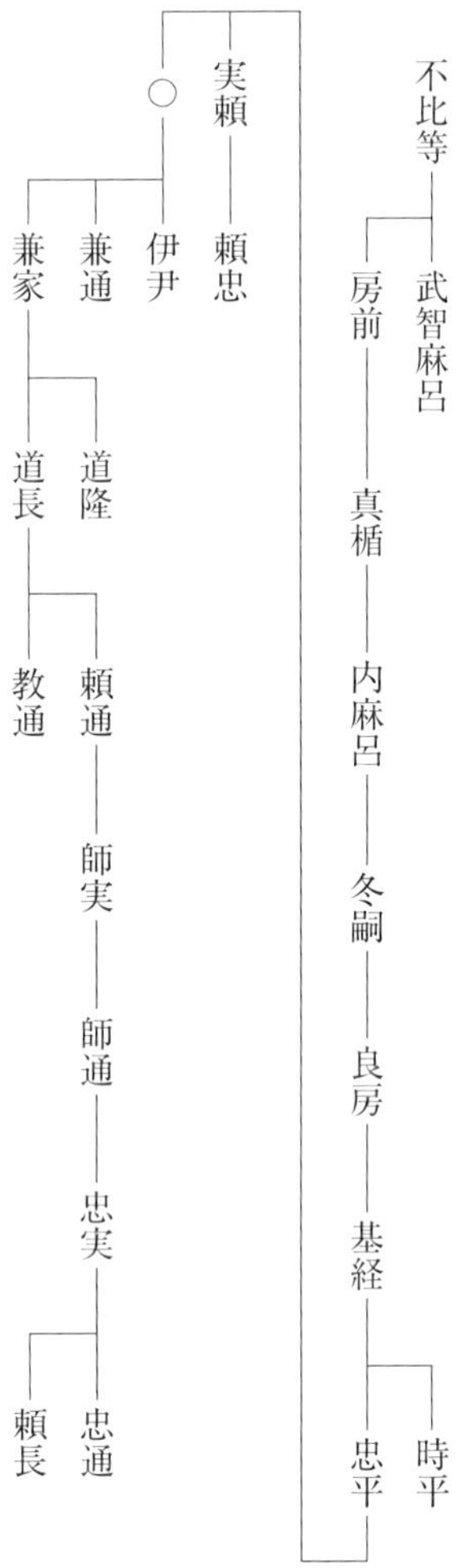

系図④　**橘氏長者系図**（『尊卑分脈』から「長者」の記載のある者を抽出した）

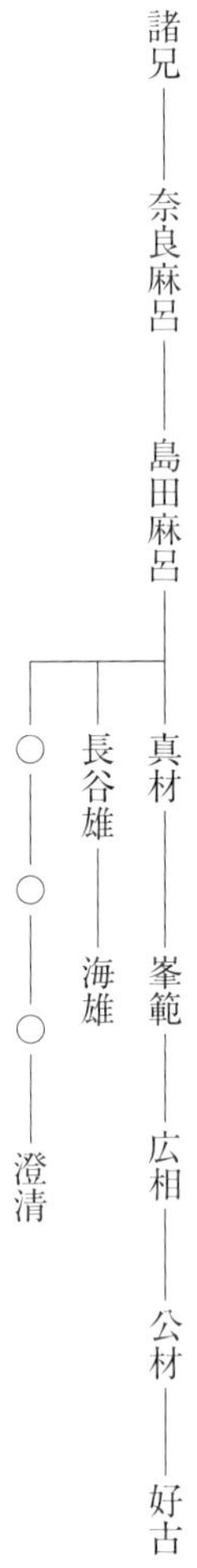

公卿となった皇族（これを王氏の公卿＝「王卿」という）の中で、特に「弘仁の御後」、つまり弘仁年間（八一〇〜八二四）に在位していた嵯峨天皇（八〇九〜八二三）の末裔でなければならなかったとして、源等や重明親王をその例に挙げているのである。

源等は、嵯峨源氏で公卿（参議）にまで上がった最後の人物であり、天暦五年（九五一）に没している。また重明親王は醍醐天皇の皇子であるが、その生母が嵯峨源氏源昇《のぼる》の娘であったため、等の没後、嵯峨源氏の公卿がいなくなった欠を補うものとして、源氏長者となったのであろう（次頁系図⑤参照）。なおこの重明親王は、等の三年後、天暦八年（九五四）に没している。

ところで、この『西宮記』という儀式書を著した源高明《たかあきら》もまた、重明親王と同じ醍醐天皇の皇子であり、かつ嵯峨源氏源唱の娘周子を母に持つ嵯峨源氏の外孫であった。そして後述するとおり、恐らくはこの重明親王の後を受けて、源氏長者の地位に就いている。

思うに、醍醐源氏として初めて源氏長者となった高明は、自分自身もまた「弘仁の御後に触るる人」としてその地位に就いたことを説明するため、この二人を特記したに違いない。つまりこの二人は、あくまでも変則的な事例として記録に残った最古の源氏長者と言うことができるのであり、源等をもって最初の源氏長者とすることはできない。それでは、その等以前の源氏長者を知ることはできないだろうか。

源信の「後ろ姿」

後世の史料ではあるが、『職原抄《しょくげんしょう》』『貞丈雑記《ていじょうざつき》』などの故実書を見ると、一般に源氏長者の地位は、「源氏の公卿第一の人これを称す」であるとか、「源氏の内にて官位高き人を源氏長者と云う」などと言われ、源氏の公卿の中で最も官位の高い人がなるものとされている。そこでこの原則に、嵯峨天皇の末裔でなければ源氏長者になれないという『西宮記』に記された条件を加え、嵯峨源氏が初め

系図⑤

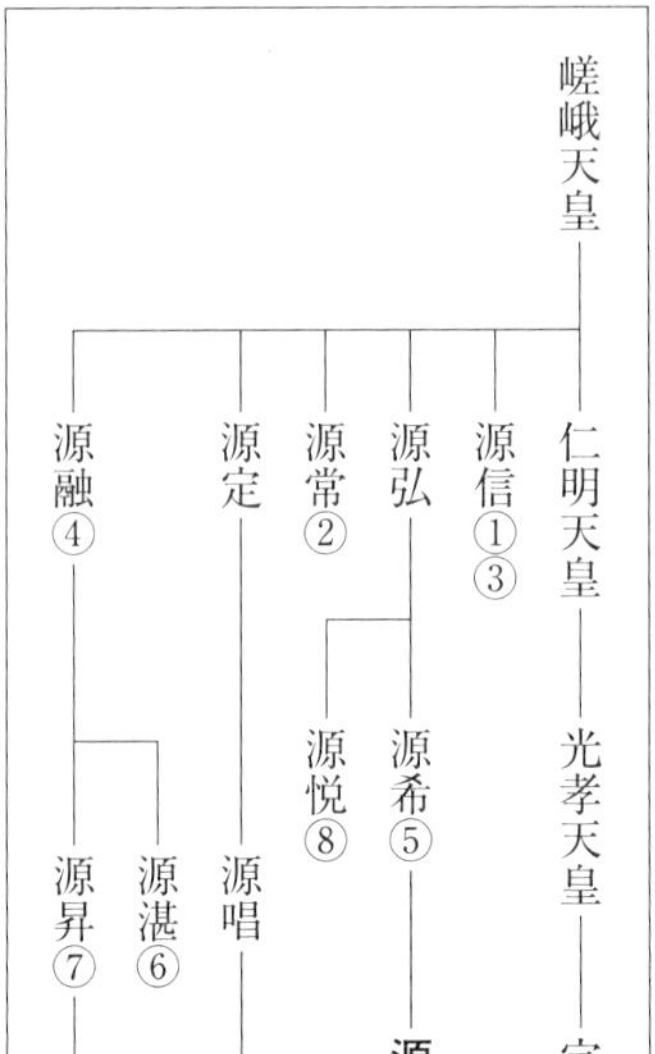

①〜⑨は次頁の表参照

て公卿となった天長八年（八三一）から、源等の死没によって嵯峨源氏が政界から完全に姿を消す天暦五年（九五一）にいたるまでの、嵯峨源氏の筆頭公卿を一覧表にすると次頁の表①のようになる。

この表を見る限り、初代の源氏長者は源信《まこと》ないし源常《ときわ》のいずれかと考えられそうである。ここで私としては、弘仁六年（八一五）に成立した系譜集『新撰姓氏録《しんせんしょうじろく》』に見える次のような記述に注目したい。

源朝臣信は年六つ（中略）、信ら八人は是れ今上（嵯峨天皇）の親王なり。しかして弘仁五年五月八日の勅に依って姓を賜ひ、左京一条一坊に貫す。すなはち信を以て戸主と為す。

この史料によれば、源の姓を賜って臣籍に下ったばかりの、信（六歳）から善姫（二歳）にいたる八人兄弟が、左京一条一坊で共同生活を営んでおり、最年長の信がその家族の「戸主」となっている。もちろんここで言う「戸主」とは、八人兄弟の代表者といった程度の意味であろう。しかしこのわずか八人の兄弟こそが、後の「源氏」という巨大な「氏」の原型となっていくことを考えれば、その「戸主」の地位にあった源信をもって、初代の源氏長者とすることに異論はあるまい。

ところで、この源信という人物は、有名な応天門の変において、応天門が炎上した直後、最初に放火の容疑を懸けられた人としてよく知られている。次頁の写真①と②は、その応天門事件の顛末を描いた絵画作品として有名な『伴大納言絵巻《ばんだいなごん》』の一部であるが、その内の写真②、庭先に荒薦《あらこも》を敷いてひれ伏している「後ろ姿」の男こそ、全く身に覚えのないぬれぎぬを着せられたことを嘆き、天道に自らの無実を訴えている源信その人の後ろ姿である。

表①

	筆頭公卿になった年とその官位	筆頭公卿でなくなった年とその官位
①源信	天長八年（八三一）参議従四位下	天長九年（八三二）参議正四位下
②源常	天長九年（八三二）中納言従三位	斉衡元年（八五四）左大臣正二位
③源信	斉衡元年（八五四）大納言従二位	貞観十年（八六八）左大臣正二位
④源融	貞観十年（八六八）中納言正三位	寛平七年（八九五）左大臣従一位
⑤源希	寛平七年（八九五）参議従四位下	延喜二年（九〇二）中納言従三位
⑥源湛	延喜二年（九〇二）参議正四位下	延喜十四年（九一四）大納言従三位
⑦源昇	延喜十四年（九一四）中納言従三位	延喜十八年（九一八）大納言正三位
⑧源悦	延喜十九年（九一九）参議従四位上	上延八年（九三〇）参議従三位
⑨源等	天暦元年（九四七）参議従四位上	天暦五年（九五一）参議正四位下

一方の写真①は、前後の詞書との不整合などから永らく「謎の人物」とされてきたが、著名な美術史家である山根有三氏は、この人物の直後に詞

写真①　伴大納言絵巻（出光美術館蔵）

写真②　同上

書一紙分の脱落があることを発見され、この人物こそ、左大臣源信を放火の罪に陥れようと讒言《ざんげん》している伴大納言善男《よしお》に相違ないことを確定された。山根氏はこう言われる（「伴大納言絵巻の演出について」）。

中巻の源信邸と下巻の伴善男邸における女房たちの愁嘆場を、対比させながら微妙に描き分けた筆者が、中巻の天に訴える源信の後姿に対して、上巻で伴善男の怪物ぶりを後姿によって表現したのは、確かだろう。巧みな演出といえよう。

確かに、この二人の「後ろ姿」を見ていると、写真②は、嵯峨天皇の皇子として何の苦労も知らずに左大臣まで上った世間知らずのボンボンが、生まれて初めて人にはめられ呆然《ぼうぜん》とする「後ろ姿」に見え、一方の写真①は、佐渡で流人《るにん》の子として生まれながら、「天資《てんし》魁偉《かいい》」と評された才知のみを頼りに大納言まで上りつめ、ついに最後の政敵を葬ろうとしている不敵な「後ろ姿」に見えてくる。実在の源信と伴善男が、本当にそのような人物であったか否かは別として、山根氏が言われるとおり、この絵巻を描いた画家が「その後姿に特別な配慮をこめて」いたことは確かであろう。

しかし、歴史の皮肉というべきであろうか、勝ち誇った「後ろ姿」の伴善男は、結果として応天門放火の真犯人とされ、蘇我氏・物部氏とならぶ古代の名門、大伴氏の最後の公卿になってしまう。そして一方、ぬれぎぬにふるえる「後ろ姿」の源信こそが、実に徳川慶喜まで続く中世・近世の名門、源氏長者の第一代となっていったのである。

2　源氏長者とは何か

淳和・奨学両院別当

歌舞伎や講談などを聞き慣れた方であれば「征夷《せいい》大将軍《たいしょうぐん》右近衛大将《うこのえのたいしょう》右馬寮御監《うめりょうごげん》淳和《じゅんな》奨学《しょうがく》両院《りょういん》別当《べっとう》源氏長者」という「じゅげむ」なみの長ったらしい肩書きを耳にされた方も多かろう。この内の「征夷大将軍」が、いかにして「源氏長者」と一体化していったかについては、第四章で詳しく見ていくこととして、ここでは「淳和・奨学両院別当」の方を問題としたい。と言うのも、南北朝時代に北畠親房が著した故実書『職原抄』を見ると、

源氏長者　奨学院別当たるの人、すなわち長者と為《な》る。

と記されており、たまたま源氏長者が奨学院別当を兼ねるというより、奨学院別当をつとめる人こそが源氏長者と認識されていたことが知られるからである。つまり、奨学院別当という役職は、単なる源氏長者の仕事の一つではなく、「源氏長者とは何か」を知るための重要なキーワードになると考えられるのである。

なお、奨学院別当とセットにして「淳和奨学両院別当」と出てくる淳和院別当については、同じく『職原抄』の「奨学院別当」の項に次のごとく記されている。

源氏の公卿第一の人これを称す、納言たるの時、多く奨学・淳和の両院を兼ね、大臣に任ずる日、

淳和院を以て次の人に与奪す。奨学院においては猶《なお》これを帯す。

すなわち、源氏の筆頭公卿（源氏長者）が大納言・中納言の時、彼は淳和院別当と奨学院別当の両方を兼ねるが、彼が大臣になると、淳和院別当は「次の人」、つまり大納言・中納言の源氏公卿に譲られ、大臣となった源氏の筆頭公卿（源氏長者）は、奨学院別当のみをつとめるという。

この原則を、古代・中世の高官職員録である『公卿補任』で確認すると、久安五年（一一四九）、淳和・奨学両院別当であった源雅定《まささだ》が、内大臣に任命された際、彼のほかに源氏の公卿がいなかったため、源俊房《としふさ》の外孫である藤原宗輔《むねすけ》が淳和院別当の地位に就いたという記事にまで、その実例をさかのぼることができる（系図⑥参照）。

それでは、源氏長者がこの「両院別当」を兼ねるという習慣は、いったいいつ頃までさかのぼることができるのであろうか。そしてそもそも、淳和院別当・奨学院別当とは、具体的にはいかなる地位だったのであろうか。

系図⑥

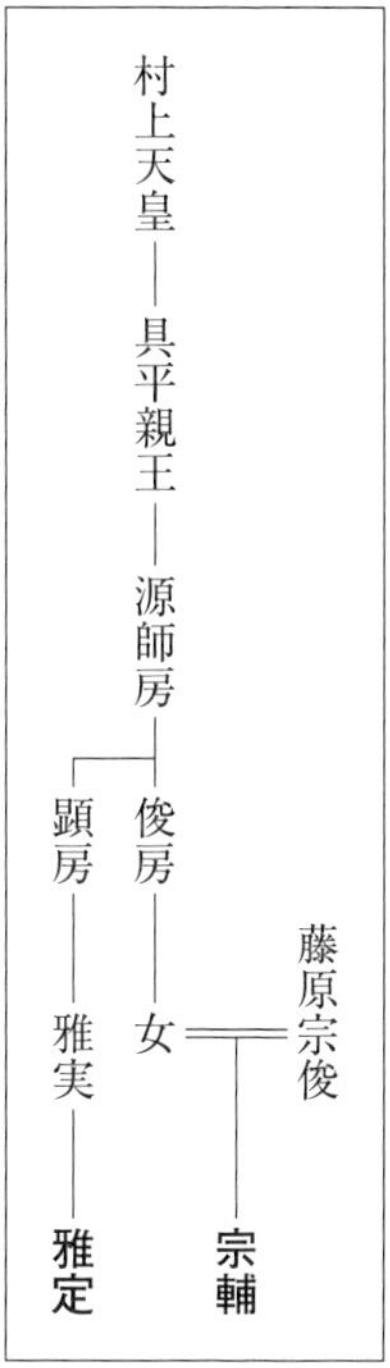

奨学院とは何か

ここで高校日本史の「おさらい」をしてみよう。

次の文章の空欄(a)〜(d)にあてはまる適当な語句を答えなさい。

平安時代にはいると、貴族がそ

の氏族出身の学生のために、大学別曹とよばれる教育施設を創設した。その実態は寄宿舎に図書館を兼ねたような施設で、藤原氏の設置した(a)、橘氏が設けた(b)、和気氏の(c)、そして(d)氏の奨学院などが知られている。

かつて、私がつとめている皇學館大学の入試にこのような問題を出したところ、答えのわからなかった受験生が、苦し紛れに(a)を学習院、(b)を国学院、(c)を皇学館と答えたという笑い話があるが、もちろん正解は(a)が勧学院、(b)が学館院、(c)が弘文院である。それでは最後の奨学院を設置した(d)は何氏であろうか。

現在、各種ある高校日本史の教科書や参考書を見てみると、これを在原《ありはら》氏としたものと、王氏としたもの、そして源氏としたものの三種類が確認できる。つまり、もしこのような問題を出してしまった場合、(d)の正解は在原・王・源のどれでもよいということになってしまう。

こうした混乱は、実は次のような事情による。そもそも奨学院という教育機関は、『伊勢物語』の主人公として有名な在原業平《なりひら》の兄、在原行平《ゆきひら》の奏請によって「宗室苗緒《そうしつびょうしょ》」、すなわち皇族の子孫のために建立された大学別曹であった。つまり、在原行平が設置したという意味では在原氏の大学別曹、皇族の子弟が入学するという意味では王氏の大学別曹、そしてその学長・校長とも言うべき別当職が源氏長者によってつとめられていたという意味では源氏の大学別曹だったのである。それでは、この在原氏・王氏・源氏の三者は、どのような関係にあったのだろうか。

在原行平（八一八〜八九三）の没後二百年以上たった天仁三年（一一一〇）、醍醐《だいご》源氏の源俊明《としあきら》が、奨学院の設置を行平の遺徳として讃えた供養文の中に、奨学院は「列祖聖霊の子孫後胤《こういん》、姓を賜り臣と為るの卿士大夫」、つまり皇族の子孫・後胤の内、姓を賜り臣籍に下った公卿・諸大夫のための大学別曹と記されている。そういえば在原業平・行平兄弟もまた、平城天皇の皇子阿保《あぼ》親王の王子という立派な皇族であり、「在原」の姓を賜って臣籍に下った皇親賜姓氏族であった。

さらに平安末期、平信範《のぶのり》が書いた『兵範記《ひようはんき》』という日記を見ると、平信義《のぶよし》という人物が奨学院に入学している記事が見え、また鎌倉初期、日野兼光《ひのかねみつ》が書いた日記『姉言記《しげんき》』には、平時望《ときもち》が奨学院の学生であったことが伝えられている。源氏と並ぶ王氏の名門である平氏もまた、奨学院の学生であった。つまり奨学院は、狭義の王氏＝皇族のみの教育機関ではなく、広義の王氏＝皇親賜姓氏族全体の大学別曹だったのである。前問(d)の厳密な意味での正解、それは「広義の王氏」ということになる。

淳和院とは何か

奨学院が本来、こうした「広義の王氏」全体の大学別曹であったとすると、奨学院別当という地位もまた、本来はそうした王氏全体の長者としての地位だったのであり、それが次第に、源氏のみの長者としての地位に変化していったと考えられよう。それでは源氏長者はいつ頃、この奨学院別当の地位を手に入れていったのであろうか。その問題を考える前に、「淳和・奨学両院別当」として語られることの多い淳和院別当についても、その具体像がいかなるものか、ここで確認しておきたい。

淳和院は、余りにも奨学院とセットにして語られてきたためか、早く江戸時代の初めに林羅山《はやしらざん》が「淳和院とて是も法礼稽古する所にして、奨学院に並ぶ也」と述べたのを初めとして、永らく奨学院と並ぶ王氏の学問所と考えられてきた。しかしながら、大正時代の歴史家八代国治氏が、今から百年近くも前に明らかにされたとおり、淳和院とは、淳和天皇が自らの隠居宅として右京四条二坊に建てた離宮であった（「誤られたる淳和院」）。

淳和天皇は天長十年（八三三）、この離宮に居を遷して仁明天皇に皇位を譲り、数年間の隠居生活を送った後、承和七年（八四〇）にこの院で没している。その後、皇后の正子内親王（淳和太后）はこの院で尼となり、亡夫の菩提《ぼだい》を弔っていたが、二年後の承和九年、淳和天皇・太后の皇子で、仁明天皇の皇太子に立てられていた恒貞《つねさだ》親王（系図⑦参照）が、承和《じょうわ》の変（橘逸勢《たちばなのはやなり》の乱）に巻き込まれて皇太子の地位を追われると、嘉承二年（八四九）、出家して法名を恒寂《こうじゃく》と名のり、この院で母と暮らすようになった。その結果、正子・恒寂母子の周囲には、多くの尼僧が集うようになっていったらしい。元慶《がんぎょう》三年（八七九）、正子内親王は亡くなる直前に、淳和院を今後は寺院となし、生前彼らの周囲に侍していた尼を住まわせ、さらには京中の自存することのできない尼を養う所にするよう遺言した。こうして淳和院は、皇族の離宮から皇族直轄の尼寺へと変化していったのである。

その二年後の元慶五年、淳和院に残された恒寂法親王は、両親の旧居である淳和院と、母方の祖父嵯峨天皇の旧居である嵯峨野の大覚寺、そして祖母檀林皇后橘嘉智子《かちこ》の祈願所である壇林寺《だんりんじ》という三つの寺院を総管する役職として、「公卿別当《くぎょうべっとう》」を置くよう朝廷に要請し、これを許可された。これが淳和院別当の始まりである。残念ながらこの時、誰が最初の淳和院別当となったのかを伝える史料はない。しかしながら、今まで述べてきた淳和院と皇族との深い関係に、「公卿別当」とあることを考え合わせると、それは皇族出身の公卿の中から選ばれたに違いない。

初代両院別当は誰か

そこで、元慶五年の『公卿補任《くぎょうぶにん》』を見てみると、左大臣の源融《とおる》（嵯峨源氏）を筆頭に、大納言の源多《まさる》（仁明源氏）、参議の在原行平（平城皇孫）・源勤《つとむ》（嵯峨源氏）・源能有《よしあり》（文徳源氏）・忠貞王《ただざだ》（桓武皇孫）・源舒《のぼる》（嵯峨源氏）という七人の皇親（系図⑦に☆を付けた者）を確認することができる。この七人の中で、初代淳和院別当にふさわしい人物としては、筆頭公卿の源融か、あるいは大臣になると淳和院別当を「次の人」に譲るという『職原抄』に記された原則が当初から存在していたとすると、大納言の源多、ないしは参議の在原行平あたりのいずれかということになるだろう。

ところでこの元慶五年という年は、その在原行平が奨学院を建立した年にあたる。行平はその翌年の元慶六年に中納言となり、六年後の仁和四年（八八八）に辞職しているが、その辞職に際し、彼は奨学院を勧学院に準ずる大学別曹としてもらうよう朝廷に要請している。

彼自身はその実現を見ぬまま、寛平《かんぴょう》五年（八九三）に没してしまったが、その願いは彼の没後七年目にして実現した。昌泰《しょうたい》三年（九〇〇）、奨学院は勧学院と並ぶ正式な大学別曹（大学寮南曹）とされたのである。恐らく、奨学院別当なる役職も、この時に設置されたに違いない。それではこの時、初代の奨学院別当には、誰が任じられたのであろうか。そのことを調べるため、昌泰三年の『公卿補任』を見てみると、この年の皇族出身公卿としては、大納言の源光《ひかる》（仁明源氏）を筆頭に、中納言の源希《のぞむ》（嵯峨源氏）、参議の源貞恒《さだつね》（光孝源氏）・十世王（桓武皇孫）・源湛《たとう》（嵯峨源氏）・源昇《のぼる》（嵯峨

系図⑦

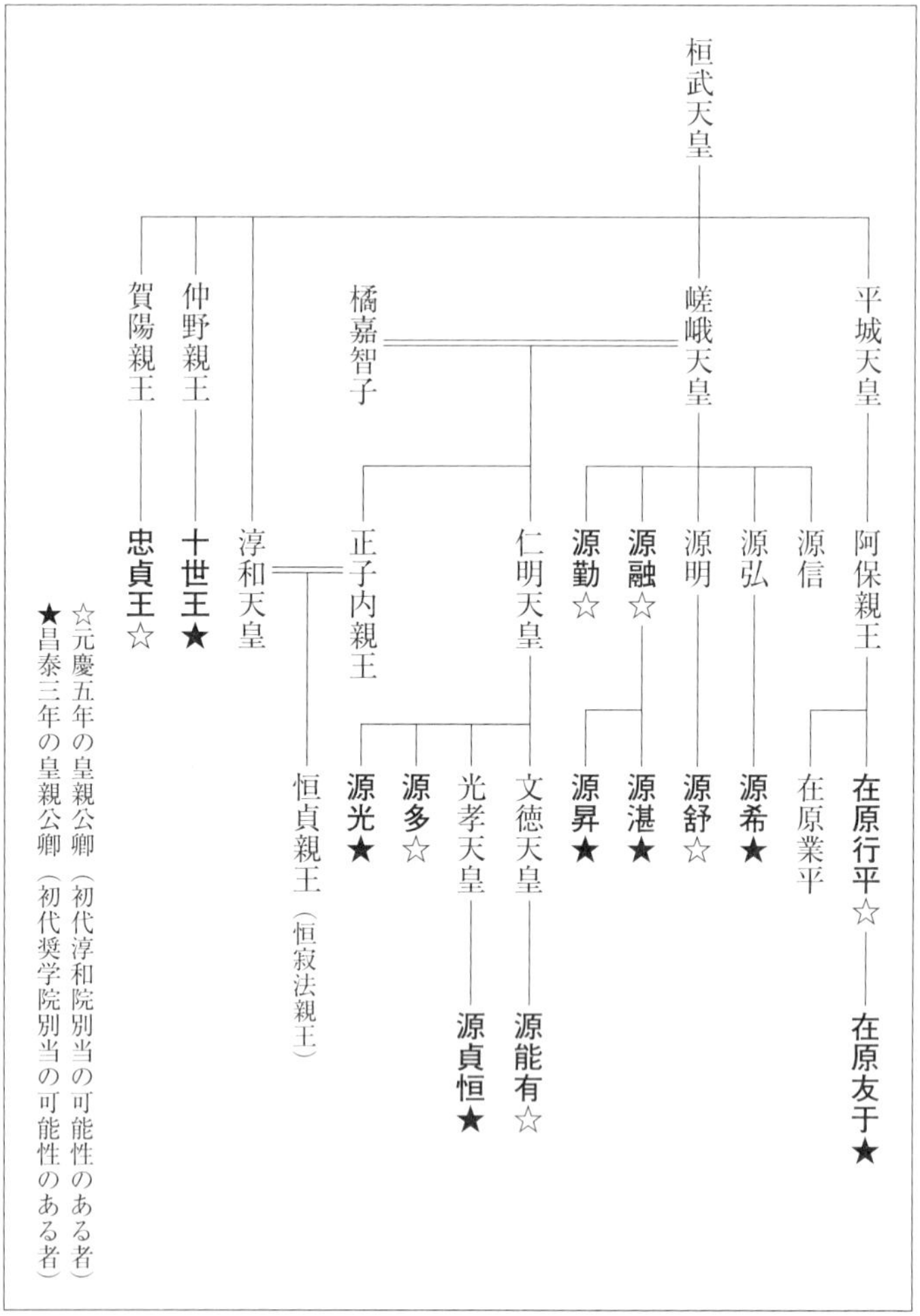
桓武天皇
平城天皇
嵯峨天皇
橘嘉智子
淳和天皇
仲野親王
賀陽親王
阿保親王
源信
源弘
源明
源融☆
源勤☆
仁明天皇
正子内親王
十世王★
忠貞王☆
在原行平☆
在原業平
源希★
源舒☆
源湛★
源昇★
文徳天皇
光孝天皇
源多☆
源光★
恒貞親王（恒寂法親王）
在原友于★
源能有☆
源貞恒★
☆元慶五年の皇親公卿（初代淳和院別当の可能性のある者）
★昌泰三年の皇親公卿（初代奨学院別当の可能性のある者）

源氏）・在原友于《ともゆき》（行平の子）の七人（系図⑦に★を付けた者）を認めることができる。

この内、初代奨学院別当にふさわしい人物としては、筆頭公卿の源光か、あるいは奨学院設置に多大の貢献をした在原行平の子の友于、ないしは源氏長者が奨学院別当になるという『職原抄』に記された原則と、嵯峨源氏でなければ源氏長者になれないという『西宮記』に記された原則が当初から存在していたとすると、源希あたりのいずれかということになるだろう。

このように、初代両院別当が誰であったのかを一人にしぼることは難しい。しかしここで注目していただきたいことは、貞観・昌泰年間における皇親公卿のほとんどが、源氏によって占められていたという事実、つまり両院別当職は、最初から源氏によってつとめられていた可能性が限りなく高いという事実である。実はこうした傾向、すなわち皇親公卿のほとんどが源氏によって占められているという図式は、平安時代を通じてほぼ一貫している。とすると、淳和・奨学両院別当の地位が、源氏長者によって世襲されるようになっていったわけも、このことから容易に推察することができよう。

皇族の離宮であり尼寺であった淳和院と、広義の王氏全体の大学別曹であった奨学院。この両者を管轄する役職としての両院別当には、当然のことながら、最初から皇族出身の公卿が任じられていたはずである。しかるに貞観・昌泰年間以来、皇親公卿のほとんどは源氏によって占められ、中でもその筆頭公卿はほぼ常に源氏がその地位にあり続けた。そのため次第と、「皇親賜姓氏族」全体の長者としての両院別当の地位は、源氏のみの長者の地位と化していったに違いない。

ちなみに奨学院別当となったことのほぼ確実な最初の人物は、先にも述べた『西宮記』の著者、源高明である。応和三年（九六三）、彼は奨学院の学生に対して、勧学院と同様の年官（年挙）を与えられるよう朝廷に申請し、その許可を得ている。これが上述した三院年挙の始まりであるが、こうした申請は、彼が奨学院別当の地位に就いていなければ提出しにくかろう。なおこの時、高明が源氏長者であったか否かは定かではない。しかし先にも述べたように、この直前まで高明の兄重明親王が、嵯峨源氏の外孫として源氏長者の地位に就いていたこと、また彼自身も、嵯峨源氏源唱《となう》の娘周子を母に持つ嵯峨源氏の外孫であったということを考え合わせると、恐らくは重明親王の後を受けて、源氏長者の地位に就いていたと考えてほぼ間違いあるまい。よってここでは、遅くともこの源高明の頃までには、源氏長者が奨学院別当を兼ねるようになっていたと考えておきたい。

薬師寺俗別当

ところで上述した通り、奨学院別当とならび称された淳和院別当という地位は、本来、淳和院・大覚寺・壇林寺という、嵯峨・淳和二代の天皇・皇后と因縁の深い三つの寺院を管理する役職であった。ところがこの内、壇林寺は早く平安中期には廃絶し、淳和院もまた、寺院としての活動を示す史料が鎌倉時代に入る頃には見られなくなり、戦国時代には廃絶してしまう。唯一、今日まで嵯峨野は大沢池のほとりにその伽藍を伝える大覚寺もまた、開山恒寂法親王の跡を継いだ三世門主定昭が、左大臣藤原師尹《もろただ》の子であったことなどから、彼が藤原氏の氏寺である興福寺内に一乗院を創建して以来、鎌倉中期にいたるまで、興福寺一乗院の院主が大覚寺門主を兼ねるようになり、摂関家との関わりの方が強くなっていった。

こうして淳和院別当という地位は、皇族直轄の寺院を管理するという本来の役割が比較的早くに忘れられ、実態を伴わない名誉職と化していったらしい。これに対し、源氏（王氏）の氏寺を管理する地位として、中世を通じ、実態を伴って源氏長者に伝えられた役職に、薬師寺の俗別当という地位がある。

奈良の薬師寺と言えば平成十年（一九九八）、「古都奈良の文化財」の一つとしてユネスコの世界遺産に登録され、平成十五年には大講堂の再建によって、東塔・西塔・金堂・大講堂を具える白鳳時代の伽藍が完全に復興されたとして話題をよんだが、この薬師寺もまた、皇族と因縁の深い王氏の寺であり、そして源氏の氏寺であった。

鎌倉時代の成立とされる王朝年中行事の解説書『年中行事抄』を見ると、毎年三月七日に行われる薬師寺最勝会《さいしようえ》という年中行事が、「最勝会始の事、源氏長者これを行ふ」とあるように、源氏長者によって始められている。また室町時代まで下ると、万里小路《までのこうじ》時房《ときふさ》の日記『建内記《けんないき》』に、「南都薬師寺は、天武・持統・元明三代の御願、源家の氏寺なり、よって別当職は当家別相伝の所職なり」という記事が見え、やはり源氏の氏寺として、源氏一門によってその「別当職」が相伝されていた。薬師寺は、中世を通じて源氏の氏寺だったのである。なお正確に言うと、薬師寺の「別当職」は薬師寺の僧侶がつとめていたため、源氏の公卿は、俗人としての長官である「俗別当」という地位に就いていた。そこで今、下向井龍彦氏の研究（「「水左記」にみる源俊房と薬師寺」）に依拠して、その俗別当を一覧表にすると次頁の表②のようになる。

表②

	薬師寺俗別当就任年月日	出身	出典
①直世王	天長七年（八三〇）九月十四日	天武五世孫	薬師寺縁起
②源　光	元慶八年（八八四）十一月十三日	仁明源氏	平安遺文四五四七
③源能有	寛平九年（八九七）	文徳源氏	薬師寺濫觴私考
④源師房	長元八年（一〇三五）	村上源氏	水左記
⑤源俊房	承暦二年（一〇七八）	村上源氏	水左記
⑥源雅定	久安三年（一一四七）三月七日	村上源氏	本朝世紀
⑦源雅通	嘉応元年（一一六九）八月	村上源氏	兵範記
⑧源通光	承久二年（一二二〇）三月二十五日	村上源氏	玉蘂

この表を見れば明らかなとおり、中世、源氏長者によって伝えられていた薬師寺俗別当の地位も、やはり古代まで遡ると、天武天皇の五世孫に当る直世王《なおよ》が就いていた。また、律令法の施行細則を集成した法典としてよく知られる『延喜式』には、藤原氏の氏寺である興福寺の維摩会《ゆいまえ》に藤原氏が参向するのと同様のものとして、薬師寺の最勝会には「王氏」が参向することが定められており、薬師寺が本来、「王氏」の氏寺であったことが確認できる。そして何より、そもそも薬師寺というものが、天武天皇によって、その皇后（後の持統天皇）の病気平癒祈願のために建立された「天皇の寺」であったことは、余りにもよく知られている事実である。

恐らく薬師寺もまた、淳和院と同様、狭義の王氏である皇族の氏寺から出発して、広義の王氏としての「皇親賜姓氏族」全体の氏寺となり、やがてその代表者たる源氏の氏寺となっていったのであろう。

東大寺は源氏の氏寺か

ところで、古代歴史物語の傑作として名高い『大鏡』を見ると、次のような逸話が収められており、奈良の大仏で有名な東大寺もまた、薬師寺と同様、源氏の氏寺とされていたことが知られる。すなわち、藤原道長の娘で、後に一条天皇の中宮となり、後一条天皇・後朱雀天皇を生むこととなる藤原彰子が、まだ幼かった頃の話である。母の倫子に連れられて彰子が奈良の春日大社（藤原氏の氏神）に参詣した際、春日大社にお供えした供物が、辻風に吹かれて東大寺大仏殿の前まで飛んでいってしまった。この時、人々は「かすがの御まへなる物の、源氏の氏寺にとられたるはよからぬことにや」として、藤原氏の将来に不安を感じたというのである。ここで言う「源氏の氏寺」が東大寺を指すことは明白であろう。

それでは、東大寺の俗別当職も、薬師寺と同様、源氏の公卿によって相伝されていたのだろうか。次頁の表③は『東大寺別当次第』という史料の中から、俗別当に関する部分を抜き出したものだが、この表を見ると、在原行平や源高明など、奨学院の歴史の中で重要な役割を果たした人物が、東大寺の俗別当ともなっていることが知られる。このことから東大寺もまた、淳和院や薬師寺と同様、広義の王氏全体の氏寺であったと考えられるかも知れない。

しかしこの表からは、藤原氏や紀氏など、広義の王氏に属さない人々もまた、多く東大寺の俗別当職に就いていたことが読みとれる。そしてこれらの人々の官職を見ていくと、王氏出身の俗別当も含めて、そのほとんどは弁官や上卿といった朝廷の役職にあることで、東大寺の俗別当職に補されてい

表③

		東大寺俗別当補任年月日	出自	官職
1	藤原良近	〔補任年月日不明〕	藤原氏式家	右中弁
2	南淵年名	貞観13年（871）8月	本姓坂田氏	参議
3	橘　広相	貞観17年（875）8月14日	橘氏	右少弁
4	在原行平	元慶1年（877）9月7日	在原氏	参議
5	平　季長	元慶4年（880）3月29日	桓武平氏	右少弁
6	安倍清行	元慶6年（882）閏7月19日	安倍氏	右少弁
7	源　昇	寛平4年（892）3月29日	嵯峨源氏	右中弁
8	平　季長	寛平8年（896）6月19日	桓武平氏	左中弁
9	藤原時平	昌泰1年（898）10月8日	藤原氏北家	大納言
10	紀長谷雄	延喜10年（910）6月14日	紀氏	権中納言
11	藤原道明	延喜12年（912）5月23日	藤原氏南家	権中納言
12	藤原清貫	延喜20年（920）9月20日	藤原氏南家	中納言
13	源　公忠	延長7年（929）2月25日	光孝源氏	右少弁
14	藤原恒佐	承平7年（937）3月5日	藤原氏北家	右大臣
15	紀　文相	応和4年（964）3月23日	紀氏	左少弁
16	源　高明	康保3年（966）2月3日	醍醐源氏	右大臣
17	藤原為輔	天禄1年（970）8月28日	藤原氏北家	左中弁
18	藤原頼忠	天禄2年（971）12月26日	藤原氏北家	右大臣
19	源　雅信	貞元3年（978）11月10日	宇多源氏	左大臣
20	源　致方	永観2年（984）3月7日	宇多源氏	権左中弁
21	平　惟仲	永祚1年（989）12月9日	桓武平氏	左中弁
22	源　重信	正暦4年（993）12月17日	宇多源氏	右大臣
23	高階信順	長徳1年（995）9月26日	高階氏	右中弁
24	藤原顕光	寛弘7年（1010）〔月日不明〕	藤原氏北家	右大臣
25	藤原頼通	寛仁4年（1020）12月13日	藤原氏北家	左大臣
26	藤原実資	長元4年（1031）9月	藤原氏北家	右大臣
27	源　経長	長元9年（1036）12月22日	宇多源氏	右中弁
28	源　経長	長久3年（1042）2月17日	宇多源氏	左中弁

たことがわかってくる。つまり東大寺は、源氏や王氏の氏寺である以前に、あくまでも国家鎮護の官寺だったのである。

源氏と八幡宮

そうだとすると、先の『大鏡』に見えた「源氏の氏寺」という表現は、どのように理解したらよいのだろうか。私としては、この『大鏡』の記述が、藤原氏の氏寺である興福寺との対比ではなく、藤原氏の氏神である春日大社との対比の中で表れている点に注目したい。興福寺にとっての春日大社にあたるもの、それは東大寺にとって鎮守八幡宮《ちんじゆはちまんぐう》に相違ない。そして、「八幡宮」といえば「源氏の氏神」と相場が決まっている。とすると『大鏡』は、東大寺が国家鎮護の官寺であることを承知の上で、「源氏の氏神」＝鎮守八幡宮を祀ることを以て、これを「源氏の氏寺」と表現したのであろう。

源氏と八幡宮の関係については、京都の石清水《いわしみず》八幡宮が清和《せいわ》天皇の時代に創立されたため、清和天皇の子孫から臣籍降下した諸源氏が、石清水を氏神に選んだであるとか、祭神が応神天皇・神功皇后《じんぐうこうごう》という、「三韓征伐」に関与したと信じられた神々であったところから、武神としての信仰が武人の間に高まったなどといった、「清和源氏・武家源氏の氏神」としての説が一般に行われてきた。こうした説は、既に戦国時代には存在していたものらしく、中院通秀《なかのいんみちひで》という戦国時代の公家が書いた日記『十輪院内府記《じゆうりんいんないふき》』の文明十三年（一四八一）三月二十五日条を見ると、

およそ源氏の氏神は、平野社を以て正と為すなり、八幡宮に於いては、清和源氏義家《よしいえ》以来の事なり。

とあり、清和源氏の源義家が石清水八幡宮で元服し、「八幡太郎」と称されたことで、八幡宮が源氏の氏寺になったという説を採っている。

しかしながら、夙《つと》に明治~昭和前期の神道学者である宮地直一氏が解明されているとおり（「源氏と八幡宮の関係」）、八幡宮という神社は、本来、公家・武家を問わぬ、否《いな》むしろ公家を中心とした源氏全体の氏神であった。念のために証拠を示しておこう。平安後期を代表する学者、大江匡房《おおえのまさふさ》が著した故実書《こじつ》『江家次第《ごうけしだい》』を見ると、石清水八幡宮への奉幣使《ほうべいし》は、源氏の四位の者が務めるべき仕事と規定されている。また平安末期の公卿、藤原宗忠《むねただ》が書いた日記『中右記《ちゅうゆうき》』の保延《ほうえん》元年（一一三五）四月二十一日条には、

八幡の使い、武蔵守《むさしのかみ》藤原信輔《のぶすけ》朝臣《あそん》を召し宣命《せんみょう》を給《たま》ふ。源氏の四位、みな障《さわ》り有り、よって藤氏を用ゆるなり。

とあって、源氏の四位の者全員に何らかの障害があるときのみ、藤原氏が石清水八幡宮への奉幣使をつとめていたことが、実例によって確認できる。この時期の「源氏の四位」には、武家源氏としての清和源氏はほとんど含まれておらず、これらの事例からも、八幡宮が本来、公家源氏の氏神であったことは確実である。

ところで、こうした「源氏の氏神」八幡宮が、そもそも応神天皇・神功皇后を御祭神とする皇族の祖先神であったことは、余りにもよく知られた事実である。たとえば鎌倉時代に成立した百科全書『拾芥抄《しゅうかいしょう》』を見ると、「宗廟《そうびょう》の事は太神宮・石清水の御事なり」「皇帝の祖神を宗廟と号す」とあっ

写真③　八幡三神像（薬師寺蔵）

て、石清水八幡宮は伊勢大神宮と並ぶ宗廟＝「皇帝の祖神」と規定されている。とすると八幡宮もまた、奨学院・淳和院・薬師寺と同様、本来は皇族の氏神であったものが、「皇親賜姓氏族」全体の氏神となり、その代表者たる源氏の氏神となっていったに違いない。

そういえば、先に「源氏の氏寺」として指摘した薬師寺の鎮守神も、東大寺と同じく八幡宮であった。上に掲げた国宝の八幡三神像は、その薬師寺の鎮守、休ヶ岡八幡宮に祀《まつ》られていたものである。

平野神社も源氏の氏神

ところが先にも見たとおり、『十輪院内府記』文明十三年（一四八一）三月二十五日条には「およそ源氏の氏神は、平野《ひらの》社を以て正と為すなり」と記されており、戦国時代においては、武家源氏である清和源氏の氏神が八幡宮であるのに対し、公家源氏の氏神は平野神社と意識されていた。この平野神社は、二十二社の第五位として、今日も京都市北区、北野天満宮の西隣に平野造ともいわれる重文の社殿を伝えているが、この平野神社を源氏の氏神とする意識は、北畠親房が著した神道書『二十二社本縁』の「平野社」の項に、「源氏の長者これを管領す」であるとか、「源氏の氏神なり」などと記されていることから、親房が活躍した南北朝時代にまで遡ることが明らかである。

ところが平安時代まで遡《さかのぼ》ると、『延喜式』に「平野祭は、桓武天皇の後の王（姓を改め臣と為る者また同じ）、及び大江・和《やまと》らの氏人、並びに見参《げざん》に預かる」とあるように、同社は桓武平氏や大江氏らの氏神として位置づけられていた。また先にもみた日野兼光の日記『姉言記』の文治四年六月三十日条には、「平氏、王孫たるに依って平野社以下の事を行うべきの由、懇望せらると云々」とあり、平氏が「王孫」として「平野社以下の事」を行おうとしていたことが知られる。このことは、平野神社が王孫＝皇親賜姓氏族全体の氏神であったことを示していよう。つまり平野社もまた八幡宮と同様、本来は王孫＝皇親賜姓氏族全体の氏神であったものが、その代表者たる源氏長者によって管理されるようになっていったものと考えられる。

ことほどさように、後世、源氏長者の権能とされていくもののほとんどすべては、本来源氏のみの長者としての権能ではなく、「広義の王氏」全体の長者としての権能であった。つまり、源氏長者とは「広義の王氏」＝皇親賜姓氏族全体の長者としての地位だったのである。

3　源氏と王氏

源融皇位を窺う

いかがは、近き皇胤をたづねば、融らも侍るは

これは元慶八年（八八四）、陽成《ようぜい》天皇退位後の皇位継承者を決める公卿会議において、候補者の選定が紛糾した際、左大臣の源融《とおる》が、「どうしてまぁ、近い皇親を探すなら、（私）融などもおります

系図⑧

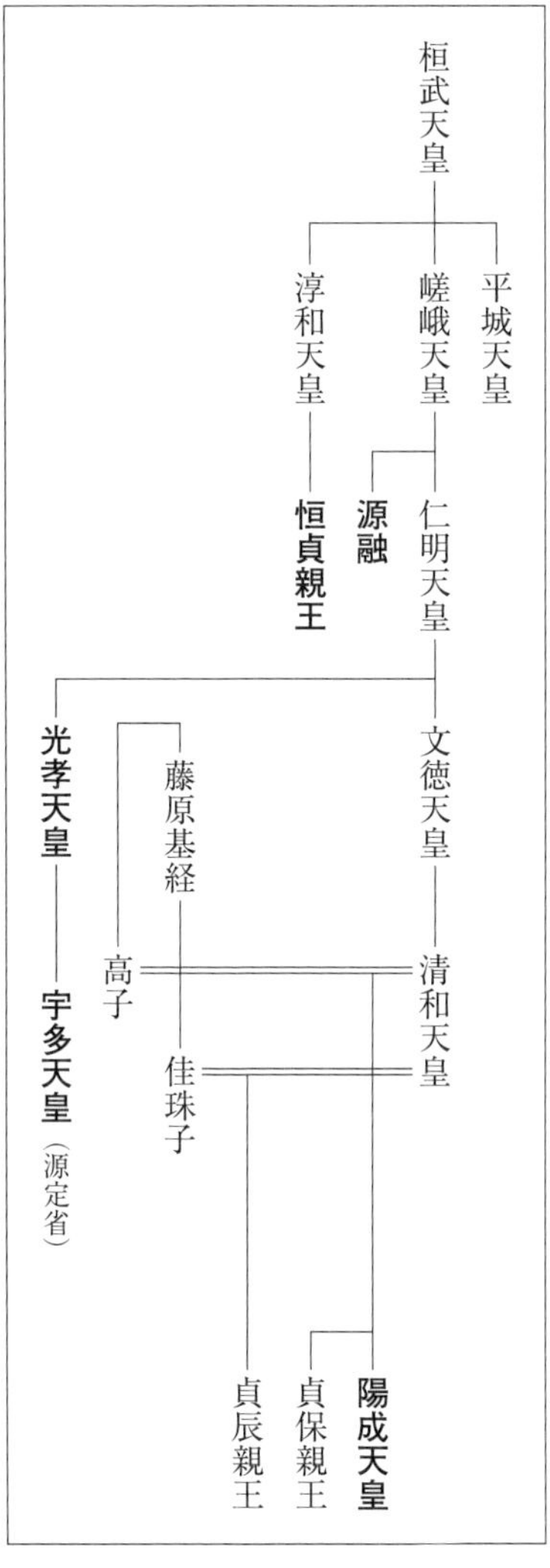

よ」と言って、自ら皇位継承候補者に名のりを上げたセリフとして、『大鏡』という歴史物語に収められたものである。

この陽成天皇退位は、表向き天皇みずからが病気を理由に譲位を望んだことになっているが、実際には「廃位」にも等しい政変であったことが、明治から昭和初期に活躍した歴史家である和田英松氏によって明らかにされている（「藤原基経の廃立」）。すなわち和田氏によれば、この政変の真の原因は、元慶七年十一月、陽成天皇が宮中で乳兄弟の源益を殴り殺した事件にあるという。

天皇がその手で人を殺めるなどということは、前代未聞の大事件であり、特に「血の穢《けが》れ」を最も忌避する平安貴族社会を震撼させることとなった。その結果、陽成天皇が「廃位」させられたのは当然として、天皇と「血」を同じくする清和諸皇子の即位すら見送られ、皇位継承適任者不在という状況を生み出したらしい。そのことは、時の最高権力者である太政大臣《だじょうだいじん》藤原基経《もとつね》でさえ、妹の高子が生んだ陽成天皇の実弟貞保親王や、娘の佳珠子が生んだ貞辰親王を、次期天皇に擁立することができなかったという事実によって、うかがい知ることができよう。

先に挙げた左大臣源融自薦のセリフは、まさしくこうした状況下で発せられたものであった。ところが太政大臣藤原基経は、この融の発言を一言の下に退け、淳和院で出家していた廃太子恒貞親王（恒寂法親王、前節「淳和院とは何か」項参照）を擁立しようとした。しかし、恒貞親王が最後まで即位を固辞したことで、結局、最長老の親王であった仁明天皇の皇子時康親王が即位した。これが光孝天皇であるが、ここで注目されるのはこの時、太政大臣藤原基経が、

皇胤なれど、姓給てただ人にてつかへて、位につきたる例やある

すなわち「たとえ皇親であっても、姓を賜って臣下として仕えた者の、皇位に就いた例などあろうか」と言って、融の立候補をさえぎったと『大鏡』に伝えられていることである。確かにこの時点において、皇親賜姓氏族が皇位に就くなどという前例は一つもなかった。しかしそのわずか三年後、この前例はあっけなく覆されることとなる。

源定省皇位に就く

元慶八年（八八四）二月、右に述べたような経緯で皇位に就いた光孝《こうこう》天皇は、それから二ヶ月ほどたった同年四月、親王時代になしていた二十九人の皇子・皇女全員に源の姓を与え、これを臣籍に下してしまった。これは言うまでもなく、光孝天皇の皇子全員の皇位継承権が自動的に消滅することを意味しており、光孝天皇は一代限りの、いわば中継ぎ役の天皇として即位したということになるだろう。

ところが、その「中継ぎ」の後に、誰を直系の正統な皇位継承者とするかも決まらぬまま、光孝天皇はわずか三年半の在位で、仁和三年（八八七）八月に没してしまう。皇位に空白を設けるわけにいかないと考えた藤原基経をはじめとする公卿層は、天皇の余命もあとわずかと判断された同月二十二日、病床の天皇に皇太子の指名を要請。同二十五日に天皇は、臣籍に下していた第七子の源定省《さだみ》を皇太子に指名。同日、定省はただちに臣籍から削られて親王に復帰し、翌二十六日に立太子。光孝天皇はこの日の午前十時頃に崩御。皇太子は即日践祚した。宇多天皇である。実にこの間、足かけ五日た

らずのできごとであった。

こうして本邦史上、初めて「姓」を有したことのある天皇が誕生した。しかしそれは、言うまでもなくその「姓」が源氏であったからこそ可能だったのであり、藤原氏をはじめとする有姓者が皇位に就けるという可能性を、毛の先ほども示すものではなかった。この点からも、本書の主題である源氏という「氏」の特殊性、すなわち「たまたま臣籍に身を置く皇族」としての性格は明白であろう。

ところでそうだとすると、陽成天皇の退位に際し、源融が皇位を窺ったのに対し、藤原基経が「皇胤なれど、姓給てただ人にてつかへて、位につきたる例やある」と言ってこれを退けたという『大鏡』の記事は、どのように解釈したらよいのであろうか。この融と定省の二人を比べると、融が左大臣という官職に就いて太政大臣藤原基経の下に仕えていたのに対し、定省は孫王時代に侍従として陽成天皇に仕えたことはあっても、賜姓されてからは官職に就いた形跡がない。つまり基経は（正確に言うと『大鏡』の作者は）、賜姓源氏の即位を問題にしていたのではなく、官歴を経ての即位を問題視していたと考えられるのである（安田政彦「皇位継承と皇親賜姓」）。

さらに、融が元慶八年から半世紀も前に、嵯峨天皇所生の諸皇子の中から、母（大原全子）の出自が劣ることを以て臣籍に下されていたのに対し、定省は仁和三年からわずか三年前、むしろ政治的な判断で、全ての兄弟とともに臣籍に下されていたに過ぎない。定省の母は班子女王という王族であった。つまり源定省（宇多天皇）の即位は、あくまでも例外的な事例ということができ、決して、全ての源氏に皇位継承の可能性があったということを意味するものではない。しかし、一旦源氏の姓を賜って臣籍に下った皇子が、皇位に就いたということの意味は、意外なほど大きいと私は思う。

平安時代の人々にとって、「源氏」とは「王氏」にほかならず、場合によってはいつでも親王に復することのできる存在と意識されていた。『源氏物語』の主人公光源氏が、冷泉帝の実父として「六条院」の院号を贈られたことの意味も、彼が「源氏」であったことと無関係に理解すべきではない。

「王家」という歴史用語

ところで近年、歴史学の世界では、中世の皇室のことを「王家」とよぶ習慣が定着しつつある。本書では、これまで主として「王氏」という用語を使ってきたが、「王家」という用語については、決して適切な表現とは思われない。そこで本章の最後に、これら「王家」や「王氏」などといった用語について、若干の私見を述べておくこととしたい。

「王家」という用語の使用を本格的に提唱されたのは、戦後「科学的歴史学」の関西におけるリーダーの一人、黒田俊雄氏であった。すなわち氏は、昭和五十二年(一九七七)に公刊された『現実の中の歴史学』という著書の中で、「王家—一つの権門」という項を設けてその用語の使用を主張され、さらにその三年後、『歴史読本』という大衆向け歴史雑誌に、次のような文章を書いてこの用語の使用を広く提唱された。

「皇室」という語が用いられるようになったのは、制度上も日常的にも、もとより明治以後のことである。中世などではそんな用語はなく、天皇の一族を指すときは王家・王氏などといわれた。しかし今日では「中世皇室領荘園」という類のいい方が、一般に見られる。(中略)中世について「皇室」というのは明らかに不適当であり、中世で実際に用いられていた「王家」の語を無視してまで「皇室」とよぶのは、特定の見地の主張ないし強制に通ずることにもなろう。

この黒田氏の提唱に対して、翌昭和五十六年、戦前、『皇室御経済史の研究』という名著を著され、昭和五十年代においてもなお「中世皇室領荘園」研究の第一人者であった奥野高廣氏が『日本歴史』という学術雑誌で批判を加えられ、これに対して黒田氏が同じ『日本歴史』の翌年三月号に反批判を載せるなど、一時激しい論争が繰り返された。しかし奥野氏が、この黒田論文に再度の反批判を加えられなかったことなどから、学界としては黒田説に軍配があがった格好となり、「王家」という用語が定着してきたわけである。

確かに、この論争を通じて黒田氏が論証されたとおり、「皇室」という語を中世史料上に確認することは不可能に近く、「皇室」という語が中世史の用語としてふさわしくないことは明白である。しかし、だからといって、「皇室」という語に替えて「王家」という語を用いるというのもいかがなものであろうか。

右の論争の中で奥野氏も指摘されているとおり、本来、「王氏」とは天皇の一族を指す用語であり、その本宗たる天皇を「王」とはよばない。さらに「王氏」とは、本書も再三述べてきたとおり、天皇の一族の中から姓を賜り臣籍に下った「皇親賜姓氏族」全体をも指す用語であった。したがって、その本宗としての天皇家を「王家」とよぶことは、ちょうど藤原氏一門の本宗たる摂関家を「藤原家」とよぶようなもので、適切な表現とは言いがたい。たとえばもし、摂関家のことを単に「藤原家」とよんでしまったならば、奥州藤原三代のような藤原氏末流の「藤原家」との違いがわからなくなってしまうであろう。したがって、天皇家のことを「王家」とよぶことは、王氏末流の源家と混同することになると私は思う。実際、源氏の中には「王家」を称する「家」があった。

「院宮家」という歴史用語

ところで本書では、これまでもっぱら「王氏」という用語を使ってきた。それでは、この「王氏」と「王家」は、どこがどのように違うのであろうか。

すでに序章でも述べたとおり、「氏」は父系血縁原理によって継承される血縁集団であったのに対し、「家」とは特定の家業と家産を伝える社会組織であった。「氏」と「家」をこのように概念規定したとき、特定の家業や家産というものが確立されていない古代において、「藤原氏」「王氏」などと称するのは問題ない。しかし、時代が中世に入ってくると、特定の官職が特定の家に家業として請け負われるようになり、荘園を中心とした家産もまた、それぞれの「家」に伝領されるようになっていく。その結果、「家業と家産を伝える社会組織」としての「家」が成立してくるのである。

そうした傾向は、天皇の一族においてもまた同様であり、本来、公的存在として私的財産の所有というものがあり得なかったはずの天皇も、荘園をはじめとする「家産」を伝領するようになっていく。このような段階にいたった天皇の一族を「王氏」とよぶことは、たとえその「家」が、父系制的な血縁原理で継承されていたとしても、やはりふさわしいとは言えまい。

しかし、だからといってこれを「王家」とよぶこともまた、上述したとおり適切とは言い難い。そ

系図⑨

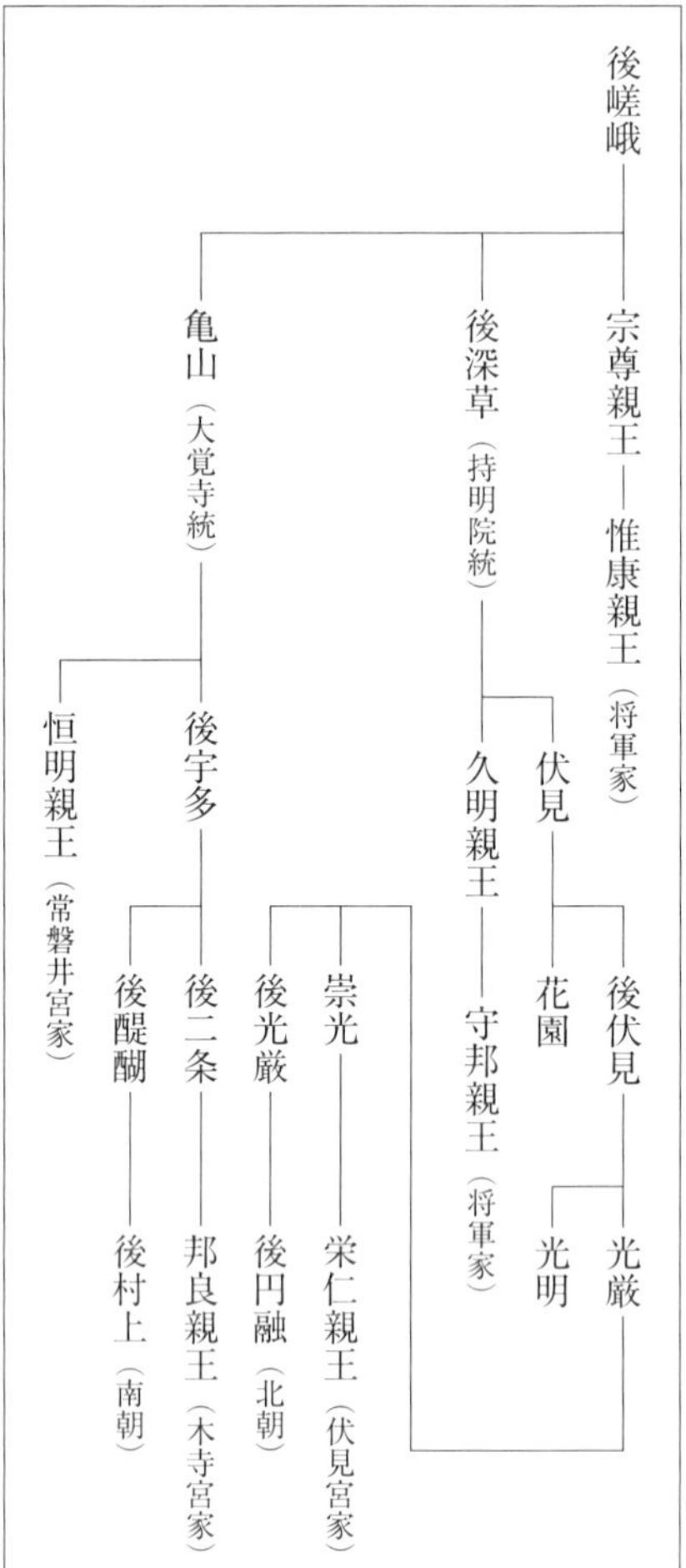

れでは、藤原氏の本宗が、摂政・関白を「家業」としたことから「摂関家」とよばれたように、王氏の本宗もまた、天皇を「家業」としたことから「天皇家」と称すればよいかというと、これもそれほど単純ではない。というのも、「王家」という用語を提唱された黒田俊雄氏が、奥野氏との論争の中で、次のように述べているからである。

中世の「王家」とは、旧『皇室典範』の「皇室」のように天皇を家長としてその監督のもとにある一箇の家を意味するのではなく、いくつもの自立的な権門（院・宮）を包含する一つの家系の総称であったと、私は考えている。

実際、中世の天皇家は、中世の摂関家が近衛《このえ》家・九条家をはじめとする五摂家に分立していたように、持明院《じみょういん》統・大覚寺《だいかくじ》統・伏見宮《ふしみのみや》家などといった「いくつもの自立的な権門」に分裂していた（系図⑨参照）。とすると、天皇を家長とする「一箇の家」をイメージさせる「天皇家」という用語では、これら諸家の総称として使用することは難しい。

ところで、こうした「いくつもの自立的な権門」の家長は、それぞれ何と呼ばれていたのであろうか。このことについては、実は黒田氏自身が中央公論社「日本の歴史」の第八巻『蒙古襲来』の中で次のように指摘されている。すなわち、白河院政が始まって以降、天皇その人が天皇家の家長であることは滅多になく、通常は院政を行う上皇が「治天《ちてん》の君」と呼ばれて家長の役割を果たしていた。しかるに、持明院統と大覚寺統が分立した「両統迭立《てつりつ》」期に入ると、その時の天皇を出している皇統の家長のみが「治天の君」と呼ばれ、出していない皇統の家長は単なる「院」に過ぎなくなった。さらに、大覚寺統から常磐井宮《ときわいのみや》家や木寺宮《きでらのみや》家、持明院統から鎌倉将軍家や伏見宮家が分立すると、これらの家の家長は「宮」と呼ばれた。このように考えてくると、これらの「自立的な権門」を総称するには、「院宮《いんぐう》家」という用語の方がふさわしいと私は思う。

但し、「院宮給」「院宮分国」などといった史料用語としての「院宮」とは、院・女院・中宮・斎宮といった天皇の父母・配偶者・皇女を指す用語であり、木寺宮家や伏見宮家などといった「宮」を指すものではない。しかし、そのことは承知の上で、あくまでも研究上の概念として「院宮家」という用語を使いたいと思うのである。

もちろん、最近では帝京大学の佐伯智広氏が多くの実例を以て論じておられるとおり（『中世前期の政治構造と王家』）、実際の中世史料の中には「王家」という使用例を多く見出すことができる。しかし「王家」と言ってしまった場合には、確かにその中心に「院宮家」を含むものの、実際には「院宮家」より広い範囲の、賜姓源氏の一部をも指す用語であった。次にそのことを検証してみよう。

白川伯王家

そもそも狭義の「王氏」とは、序章の最後に触れたとおり、歴代天皇の二世孫から四世孫までの中で、姓を賜らず「○○王」と称した皇族の総称として用いるのが正しい。ところが、本章の冒頭でも述べたとおり、平安時代に入ると、天皇の皇子（一世）や皇孫（二世）の代で、姓を賜り臣籍に下るという習慣が生まれ、「○○王」と称する狭義の「王氏」の数は、次第に減少へと向かっていく。

しかしながら、朝廷の神事儀礼には、「○○王」と称する者が必要であった。たとえば伊勢神宮への奉幣使は「王氏」の中から選ぶべきことが、平安時代の儀式書などに明記されている。そこで考え出されたのが、祭祀奉仕者としての「王氏」を確保するため、特定の「家」に「王号」を世襲させるという方法であった。そして、その「特定の家」として選ばれたのが、花山《かざん》源氏の白川伯王家《しらかわはくおう》である。

花山源氏は花山天皇の皇孫、延信《のぶざね》王が源姓を賜ったことに始まる源氏とされてきたが、その子の康資《やすすけ》は、祖父清仁親王の養子となって王氏に復し、その子の顕康は村上源氏の源顕房の養子となって再び源氏を称した。さらにその子の顕広王も初めから王氏を称している。これらのことから国士舘大学の藤森馨氏は、延信王から顕広王に至る流れを、花山源氏ではなく「花山王氏」ととらえ、このうち延信王と康資王の二人が神祇伯《じんぎはく》に就任していたことから、この家が神祇伯の地位と王氏長者の地位を世襲し、王氏でなければできない祭祀をつとめるようになったと考えられている（『平安時代の宮廷祭祀と神祇官人』）。

さらに藤森氏は、延信王が源姓を賜っていた可能性を残しつつも、事実上の「花山源氏」の創始を、元久二年（一二〇五）に源姓を賜った資宗王の代に求めておられる。しかるに元仁元年（一二二四）、その資宗の兄業資王が急逝すると、弟の源資宗が神祇伯になる必要上、源氏から王氏に復するということが行われた。これ以後、この家は花山源氏としてすべて源氏を称し、神祇伯就任と同時に王氏に

系図⑩

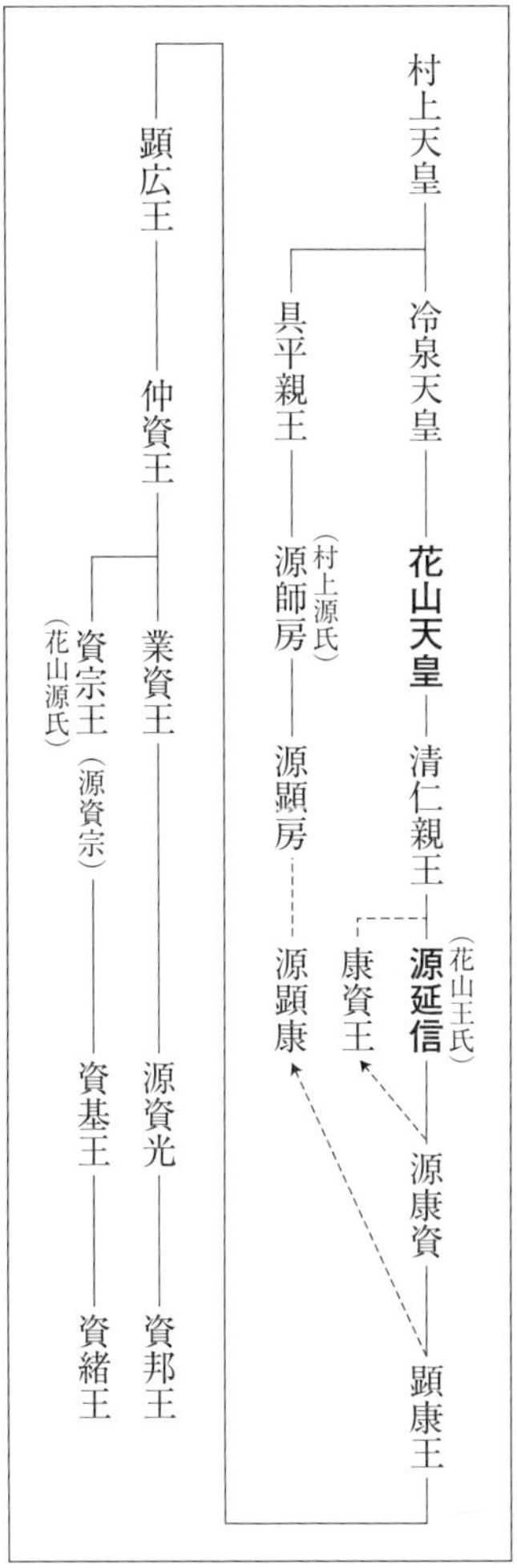

復するという慣例ができた。中世において、「王氏」はもはや「源氏」の一部になっていたのである。さらに、この後しばらく、資宗王の子孫に神祇伯の地位が世襲されていたが、鎌倉後期に業資王の孫資邦王が神祇伯の地位を回復すると、その頃から白川を家名として称し始めたらしい。

この白川家こそが、神祇伯を「家業」とした「伯家《はっけ》」であり、「王氏」の号を世襲したところの「王家」に他ならない。中世の皇室を「王家」と称することは、この「王家」との混乱を避けるためにも、やはり正しくないと私は思う。

但し、このような用語上の混乱が起こることからも明らかなとおり、中世の「院宮家」のことを「王家」と称した史料は数多く存在する。ことほどさように、「院宮家」とは「王家」に他ならず、また花山源氏が「王家」を伝えたことからも明らかなように、「源氏」もまた「王家」そのものであった。「院宮家」と「源氏」は、文字通り「王氏」の一門だったのである。

第二章　武家源氏と公家源氏

1　武家源氏誕生秘話

頼朝は源氏長者に非ず

よく高校の日本史教科書などを見ていると、

三代将軍実朝も建保七年（一二一九）に暗殺され、源氏の正統は絶えた。

などという記述を目にすることがある。また私自身、本書の序章の中で

教科書に「源氏は三代で滅亡した」などと書かれているのは、「源氏の正統」が三代で滅んだという意味であって、…

と述べてきた。それでは、ここで言う「源氏の正統」とは、前章で検討してきた源信《みなもとのまこと》以来の「源氏長者」の地位を伝える「正統」という意味なのであろうか。

室町時代や江戸時代において、征夷大将軍が源氏長者を兼ねていたことは、比較的よく知られた事実であり、そのことからア・プリオリに、源頼朝もまた源氏長者であったに違いないと考えている人は意外と多い。実際、国史学・民俗学に通暁した視野と斬新な発想を持つ国文学者として知られる兵

藤裕己氏ですら、源氏長者の地位を、頼朝の時代にまで引き上げて将軍職と関連づけ、「（村上源氏である）通親の子や孫の時代から、奨学院別当・淳和院別当の叙任のことが記録類にあらわれる」のは、「おそらく鎌倉の源氏将軍が三代でほろんだのを前提とした叙任と思われる」と評価しておられるくらいである（『平家物語の歴史と芸能』）。

しかし、両院別当の地位は決して「鎌倉の源氏将軍が三代でほろんだ」のちに、「通親の子や孫の時代から」村上源氏に伝えられるようになったのではない。ちなみに頼朝が征夷大将軍に任命された建久三年（一一九二）、源氏長者の地位にあったのは、村上源氏の源通親《みちちか》（土御門《つちみかど》通親）その人であった（巻末源氏長者一覧参照）。その証拠に、鎌倉初期の公家である吉田経房《つねふさ》の日記『吉記《きつき》』の文治四年（一一八八）七月七日条を見ると、

淳和・奨学両院別当、源中納言通親たるべきの由、宣下せらる。

と記されており、また通親が亡くなった建仁二年（一二〇二）の『公卿補任』（『大日本史料』所収）を見ると、

権大納言正二位源通資《みちすけ》、十月廿六日、淳和・奨学両院別当となす。

として、通親の弟である源通資（唐橋《からはし》通資）がその跡を継いでいる。源信を初代とする源氏長者の地位＝「源氏の正統」は、公家源氏である村上源氏に伝えられていたのである。

もちろん、鎌倉幕府の正史である『吾妻鏡』を見ると、源実朝自身が自らを「源氏正統」と称していたことを知ることができる（建保四年九月二十日条等）。しかしそれは、あくまでも武家源氏の「正

統」、清和源氏の「正統」という意味であり、決して「源氏」全体の「正統」を意味するものではなかった。それでは、なぜ数ある諸源氏の中で、村上源氏は、源氏長者（源氏の正統）を世襲する名門としての地位を得ることができ、一方の清和源氏は、その地位を得ることができなかったのだろうか。

村上源氏と摂関家

前章で詳しく述べてきたとおり、平安時代の源氏は、「たまたま臣籍に身を置く皇族」＝「准皇族」として政界に重要な地位を得ていた。しかしながら、そうした源氏の「准皇族」的性格は、その時の天皇から見て比較的近い親戚（近き皇胤）であるからこそ得られるものであり、臣籍に降下してから数世代を経ると、その時々の天皇にとっては遠い親戚となってしまうため、「准皇族」としての性格も次第と薄まっていくことになった。その結果、前章でも触れたように、最初の源氏である嵯峨源氏が、三世代目の源等《みなもとのひとし》を最後に政界から姿を消したのをはじめとして、その後の、仁明源氏・文徳源氏・清和源氏・陽成源氏・光孝源氏・宇多源氏・醍醐源氏といった諸源氏の中にも、四世代以上にわたって公卿の地位に留まり続けることのできた一門はない。

ところが、村上天皇の皇子具平《ともひら》親王の子で、寛仁四年（一〇二〇）に源姓を賜り臣籍に下った源師房《もろふさ》にはじまる村上源氏中院《なかのいん》流（以下、村上源氏と称す）は、その後八百数十年にわたり、明治維新に至るまで公家社会に留まり続けることができた。それでは、数ある諸源氏の中で、村上源氏に限ってこのようなことが可能となったのはなぜなのだろうか。

かつて、こうした村上源氏の台頭は、後三条天皇や白河天皇が、摂関政治を終わらせ、皇親中心の

系図⑪

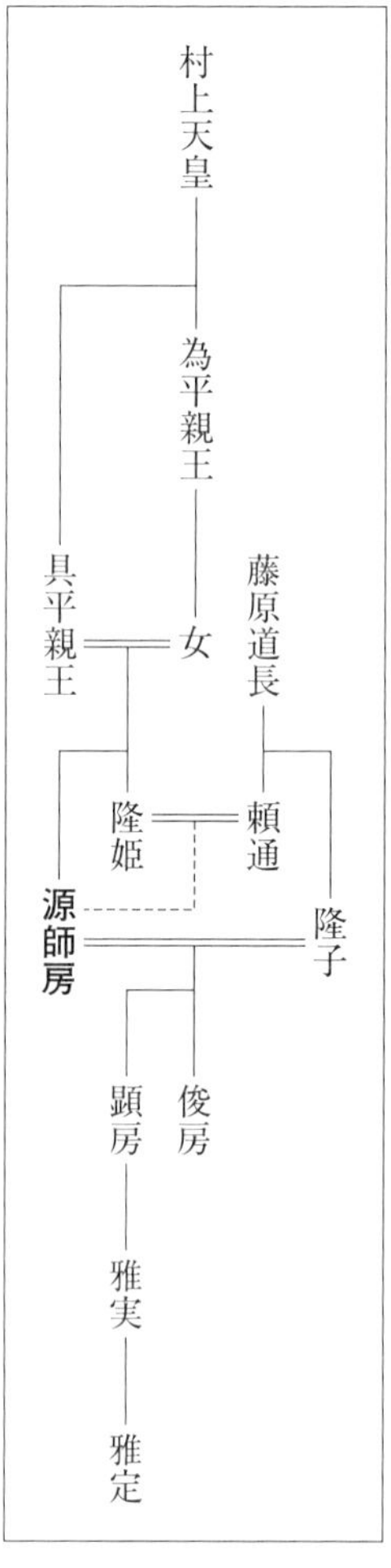

政治（院政）を始めるため、摂関家に対抗する政治勢力として村上源氏を登用したものとして評価されることが多かった。しかし近年では、村上源氏の始祖である源師房が、幼くして父具平親王をうしない、藤原頼通に嫁いでいた姉隆姫に引き取られて、頼通夫妻の養子となっていたことや、長じてからは藤原道長の娘である隆子と結婚し、摂関家の婿となっていたことなどが注目され、師房は、摂関家に対抗するためというより、むしろ摂関家の一員として、公家社会に登用されていたと評価されつつある。

中でも「王朝国家体制論」の提唱者として知られ、摂関政治史に詳しい坂本賞三氏は、藤原頼通が三十三歳になるまで実子に恵まれなかったことに注目され、頼通の養子として育った源師房が、道長の娘隆子と結婚した時点において、師房は道長によって「頼通の後継者」に位置づけられていたとされている。坂本氏はこう言われる。

源師房が頼通の後継者とされたことは、当然次に源姓の摂政・関白が出現することを意味した。道長の脳裏には、もしも頼通の実子が生まれなければ、（中略）源姓の摂関を出現させる構想があったと考えられるのである。（『藤原頼通の時代』）

私は、この坂本説に全面的に従うものではないが、源師房が、摂関家の一員として政界に登用されていたという一点については、もはや疑う余地のない事実と評価してよかろう。なお、坂本説に対する私の異論については、本書補論一を参照されたい。

「大臣」相続の「家」

ところで、この源師房（一〇〇八～一〇七七）という人物が活躍した時代、すなわち後期摂関時代とも呼ばれる十一世紀の中葉は、序章や第一章でも述べてきた中世的な家（イエ）の成立してくる時代にあたる。すなわち、特定の官職が特定の家に家業として請け負われ、荘園を中心とする家産もまた、それぞれの家に伝領されるようになっていく。その結果、「家業と家産を伝える社会組織」としての「家」が成立してくる時代、それがまさにこの十一世紀中葉だったのである。

摂関家の一員として政界に登用された村上源氏が、その後、八百年以上にわたって公家社会に留まり続けることのできた背景には、この「家」による官職の請負《うけおい》、別な言い方をすると貴族社会的な「家格」の固定化というものが関係していた。たとえば摂政・関白の地位は、本来、天皇の外戚であることを前提として任命されるものであったが、ちょうどこの頃を境として、外戚関係の有無に関わりなく、藤原氏御堂《みどう》流、すなわち藤原道長の末裔にあたる諸家（摂関家）に世襲されるようになっていく。これは摂政・関白という官職が、摂関家という「家」に請け負われたことを物語っており、逆に言うとそれは、摂関家という家格が固定化したということに他ならない。

これは何も摂関の地位に留まらず、例えば前章でも触れたように、神祇伯《じんぎはく》の地位は花山源氏の伯王家（白川家）に請け負われ、太政官の一等書記官である左大史《さだいし》は小槻《おづき》氏の官務《かんむ》家（大宮家・壬生《みぶ》家）に、陰陽寮《おんみようりよう》の長官である陰陽頭《おんみようのかみ》は安倍晴明の末裔である安倍氏の土御門《つちみかど》家にと、ほとんどありとあらゆる官職が、それぞれの「家」の「家業」として世襲されるようになっていく。

そうした中で、「准皇族」としての氏姓を有し、「准摂関家」としての待遇を摂関家から受けていた村上源氏は、まさしく「摂関」に次ぐ官職として、太政大臣・左大臣・右大臣の地位を世襲することのできる家格を手に入れた。ちなみに、平安・鎌倉・南北朝期における村上源氏中院流の主な公卿を、その最終（最高）官職とともに系図上に示すと左のようになり、その主流にある家は、ほぼ例外なく大臣の地位に就いていたことが確認できる。そういえば近年の国会議員にも、二世・三世の「大臣」が増えつつあるが、政治家が「家業」となるのは、下手をすると「日本の伝統」なのかもしれない。

悪い冗談はともかく、本題の「源氏長者」であるが、第一章でも述べたように、北畠親房が著した『職原抄』の「奨学院別当」の項を見ると、「源氏の公卿第一の人、これを称す」とあり、源氏の公卿の中で最も官位の高い人が奨学院別当（＝源氏長者）の地位に就くものとされている。とすると、嵯峨源氏に始まる諸源氏の中で、唯一大臣の地位を世襲することとなった村上源氏が、「源氏の公卿第一の人」として、奨学院別当＝源氏長者の地位を世襲することになったのは、まさに当然のことと言

系図⑫

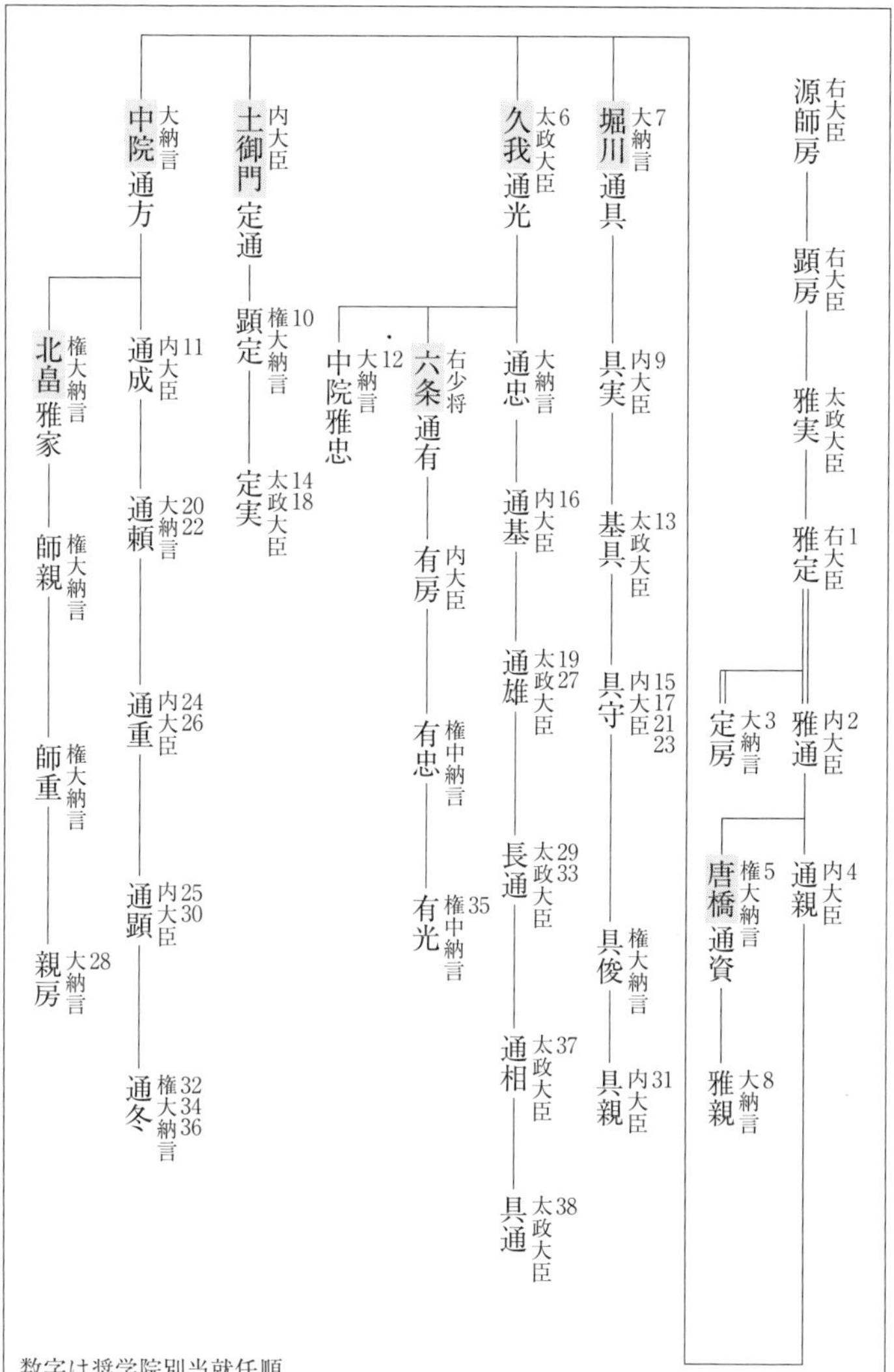

数字は奨学院別当就任順

える。

そこで、古代〜近世の高官職員録である『公卿補任』を見てみると、第一章でも触れた久安五年(一一四九)の記事(源雅定が内大臣に任じられた結果、源俊房外孫の藤原宗輔が淳和院別当となった件)をはじめとして、源師房の曾孫にあたる雅定の代から、淳和・奨学両院別当就任の記事が確認できるようになる。そして、この雅定を初代として、平安・鎌倉・南北朝期における奨学院別当の歴代を系図上に示すと前頁のようになり(巻末源氏長者一覧も参照)、初代の源雅定から第三十八代の久我具通《こがともみち》に至るまで、源氏長者の地位は、村上源氏のみに世襲されていたことが確認できる。かくして村上源氏は、源氏長者(源氏の正統)を世襲する一門としての地位を獲得していったのである。

「遠き皇胤」清和源氏

一方の清和源氏は、その始祖とされる源経基《つねもと》が正四位下《しょうしいのげ》左衛門佐《さえもんのすけ》にとどまったのをはじめとして、その子多田満仲《ただみつなか》から頼朝の父義朝に至るまで、大臣・納言・参議といった「公卿《くぎょう》」の地位にのぼった人物は一人もいない。平安末期、平氏政権に与した源氏として従三位に叙された源三位頼政《げんさんみよりまさ》が、かろうじて「公卿」となれたぐらいである。

そのような「家格」に過ぎなかった清和源氏が、源氏長者になれなかったことは当然のことと言えようが、それでは、なぜ清和源氏は、そのような「家格」に位置づけられてしまったのであろうか。その謎を解くため、まずは次頁の表④を見ていただきたい。これは、嵯峨源氏から村上源氏に至る各第一源氏(第一源氏が明確でない場合は公卿にのぼった第一世代の源氏)が、どの順番で(人名に付した

表④

	第一源氏	公卿に補された年とその年齢	最終官位
嵯峨源氏	源信①	天長 八年（八三一）二十二歳	従一位・左大臣
仁明源氏	源多②	斉衡 元年（八五四）二十四歳	正二位・右大臣
文徳源氏	源能有③	貞観十四年（八七二）二十八歳	正三位・右大臣
清和源氏	源兼忠⑧	天暦 八年（九五四）五十四歳	正四位下・参議
陽成源氏	源清蔭⑤	延長 三年（九二五）四十一歳	正三位・大納言
光孝源氏	源貞恒④	寛平 五年（八九三）三十八歳	正三位・大納言
宇多源氏	源雅信⑦	天暦 五年（九五一）三十二歳	従一位・左大臣
醍醐源氏	源高明⑥	天慶 二年（九三九）二十六歳	正二位・左大臣
村上源氏	源師房⑨	万寿元年（一〇二四）十五歳	従一位・右大臣

系図⑬

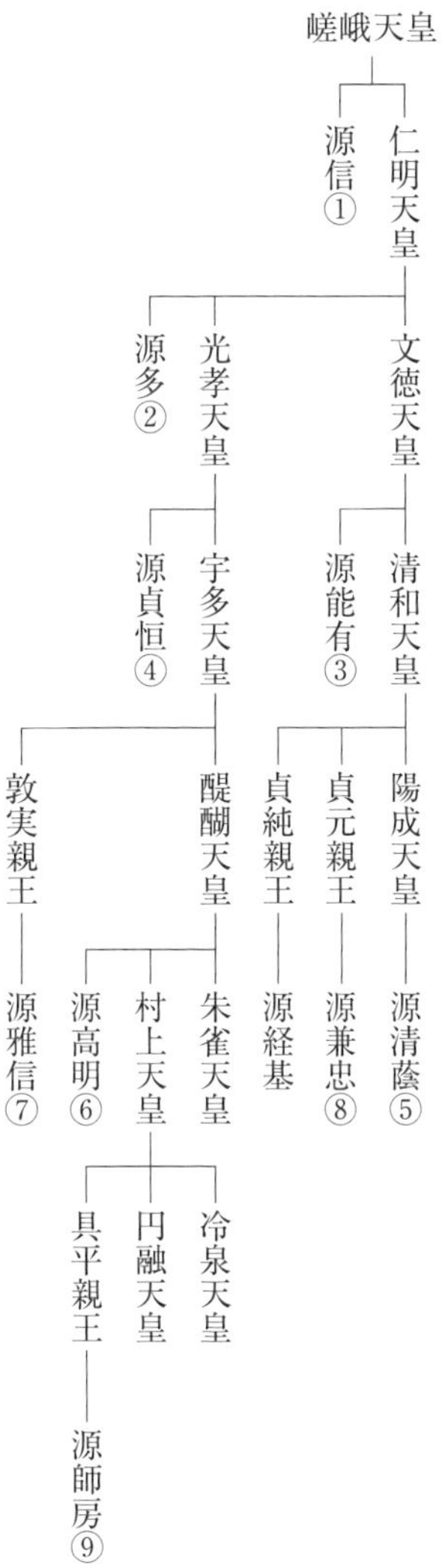

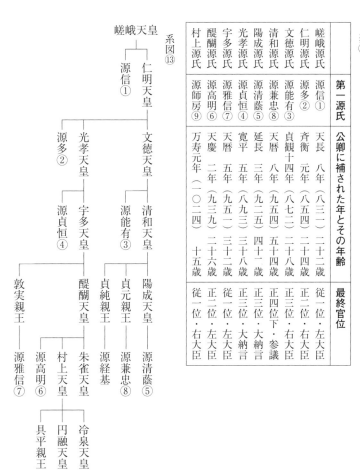

丸数字)、何年に、何歳で公卿になったのか、そして最後はどの官位までのぼったかを示したものである。これを見れば、清和源氏と陽成源氏の「出世」の遅さは歴然としており、他の諸源氏に比べて、彼らが著しく低い処遇を受けていたことが明確に読みとれよう。

清和源氏と陽成源氏がこのような扱いを受けた背景には、文徳系から光孝系へという、大きな皇統の変化が関係している。すなわち元慶七年(八八三)、陽成天皇が事実上の廃位に追い込まれた後、大伯父にあたる光孝天皇が即位し、三年後にはその子宇多天皇が即位して、皇統に大きな変化が起きたことは、前章でも述べた。

その結果、清和天皇の皇子や皇孫、陽成天皇の皇子や皇孫が政界にデビューしようとする頃、時代はもはや彼らにとって遠い親戚にあたる天皇の治世となっていた。たとえば源兼忠《かねただ》が十七歳で従五位下に叙された延喜十七年(九一七)や、源清蔭《きよかげ》が二十歳で従四位上に叙された延喜三年は、いずれも醍醐天皇の時代である。

平安時代の源氏が、「近き皇胤」として「准皇族」的性格を持ち、政界に重要な地位を得ていたこと、まただからこそ臣籍降下してから数世代を経ると、その時の天皇にとっては「遠き皇胤」となってしまうため、「准皇族」的性格も次第と薄まっていったことを先に述べた。ところが清和源氏や陽成源氏は、その意味で言うと、いわば最初から「遠き皇胤」としてスタートしなければならなかったということになる。

最初から、中央政界での出世の道が閉ざされていた彼らに残された道、それは受領《ずりよう》となって任国に下り、そこに新天地を切り開くより他になかった。清和源氏が武家への道を選んだ背景には、実はこのような事情が隠されていたのである。

平氏もまた「遠き皇胤」

ところで、賜姓臣籍降下した「皇胤」でありながら、中央政界に関わることなく、地方に下って武士となっていったのは、決して清和源氏が最初ではない。経基王（源経基）が武蔵守《むさしのかみ》として初めて東国に下向した天慶元年（九三八）、すでに坂東の地には、平将門《たいらのまさかど》とその一族が蟠踞《ばんきょ》し、競合していた。後に源平合戦のライバルとなる桓武平氏《かんむへいし》は、清和源氏にとって、「武家貴族」の大先輩であったと言える。

この平氏という氏は、源氏と同様、複数の皇胤に対して数度にわたって与えられた姓として知られている。たとえば一口に桓武平氏と言っても、平清盛が出た高望《たかもち》系平氏（系図⑭の桓武平氏C）だけではなく、「平氏に非《あら》ざる者は人に非ず」と豪語した平時忠《ときただ》の高棟《たかむね》系平氏（同じく桓武平氏A）をはじめ、全部で六つの流れがあり（系

系図⑭

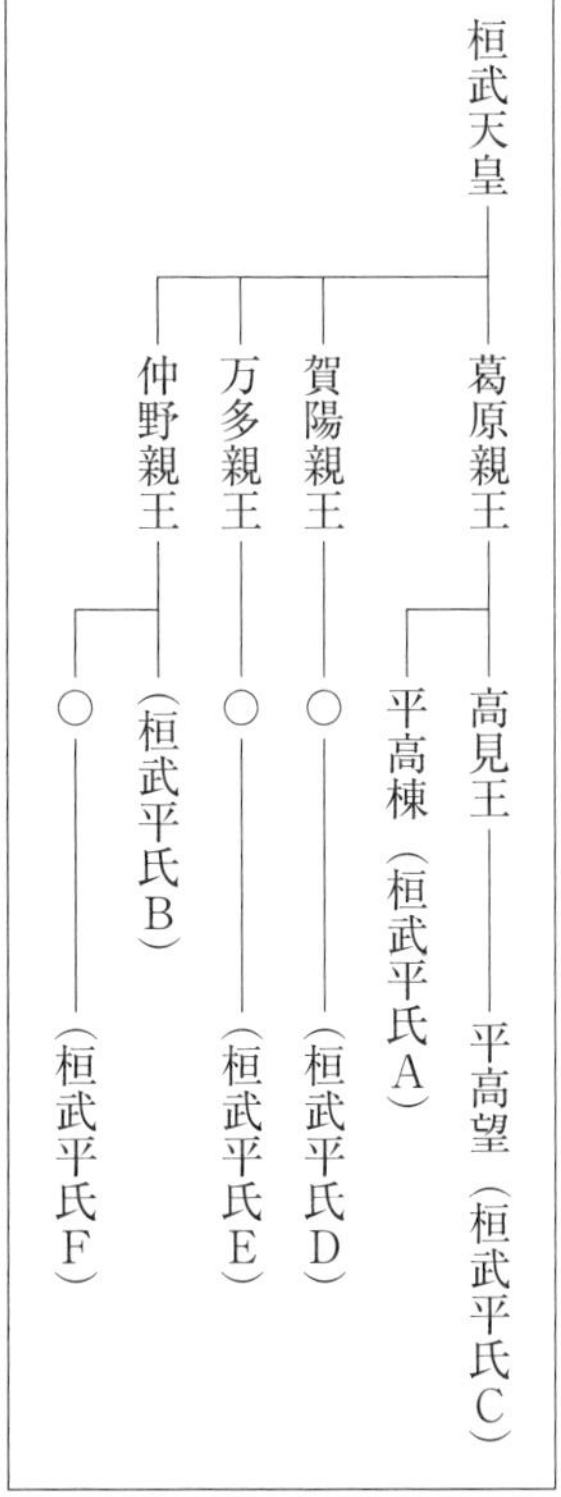

図⑭参照)、その他に仁明平氏・文徳平氏・光孝平氏もまた存在した。

それでは、同じ皇親氏族の中で、源姓を賜る者と平姓を賜る者がいたのは何故なのだろうか。この問題については、すでに亡き國學院大學名誉教授林陸朗氏が、主として仁明・文徳・光孝の各源氏と平氏を比較検討され、

この頃には一世(親王代)、二世(孫王)の賜姓は源朝臣、三世王の賜姓の場合は平朝臣という区別があったように思われるのである。

という見解を示しておられる(「桓武平氏の誕生」)。

確かに、仁明源氏と仁明平氏、文徳源氏と文徳平氏を比べてみると、次頁の系図⑮で図式化したとおり、一世・二世は源氏、三世は平氏ときれいに区別することができる。しかし、系図⑭にも明らかなとおり、桓武平氏には二世孫王の平氏がおり、また系図⑮に示したように、光孝源氏には三世王の源氏がいた。

したがって一概に、一世・二世は源氏、三世は平氏と、単純化して考えることはできそうもない。しかし、少なくとも一世源氏が無数に存在したのに対し、一世平氏というものは一人も存在せず、また三世源氏が出現する頃には、二世平氏が出現する可能性は完全に消滅していた。とすると、同一時期の賜姓で比較するならば、より皇統に近い王氏には源姓、より皇統から遠い王氏には平姓を与えるという原則が、常に存在していたと考えることができそうである。つまり平氏は、源氏に比べて、最初から「遠き皇胤」だったということができる。

そのことは、彼ら平氏が朝廷から受けた処遇を見ればさらに歴然としている。すなわち桓武平氏六流と、仁明・文徳・光孝の三平氏を通じて、第一世代で公卿となった者は、平高棟ただ一人であり、その高棟もまた、公卿に列したのは四十歳になってからのことであって、その最終官位も正三位大納言に過ぎなかった。源氏で言えば陽成源氏の源清蔭と同様の扱いである。

数少ない二世孫王の平氏であり、いわゆる公家平氏の祖となる高棟ですら、この程度の扱いしか受けられなかったことを思えば、他の諸平氏（三世王平氏）の処遇は容易に推察できよう。たとえば、いわゆる武家平氏の祖とされる平高望の最終官位は、従五位下《じゅごいのげ》上総介《かずさのすけ》で、武家源氏の祖とされる源経基の正四位下左衛門佐よりさらに低い。

系図⑮

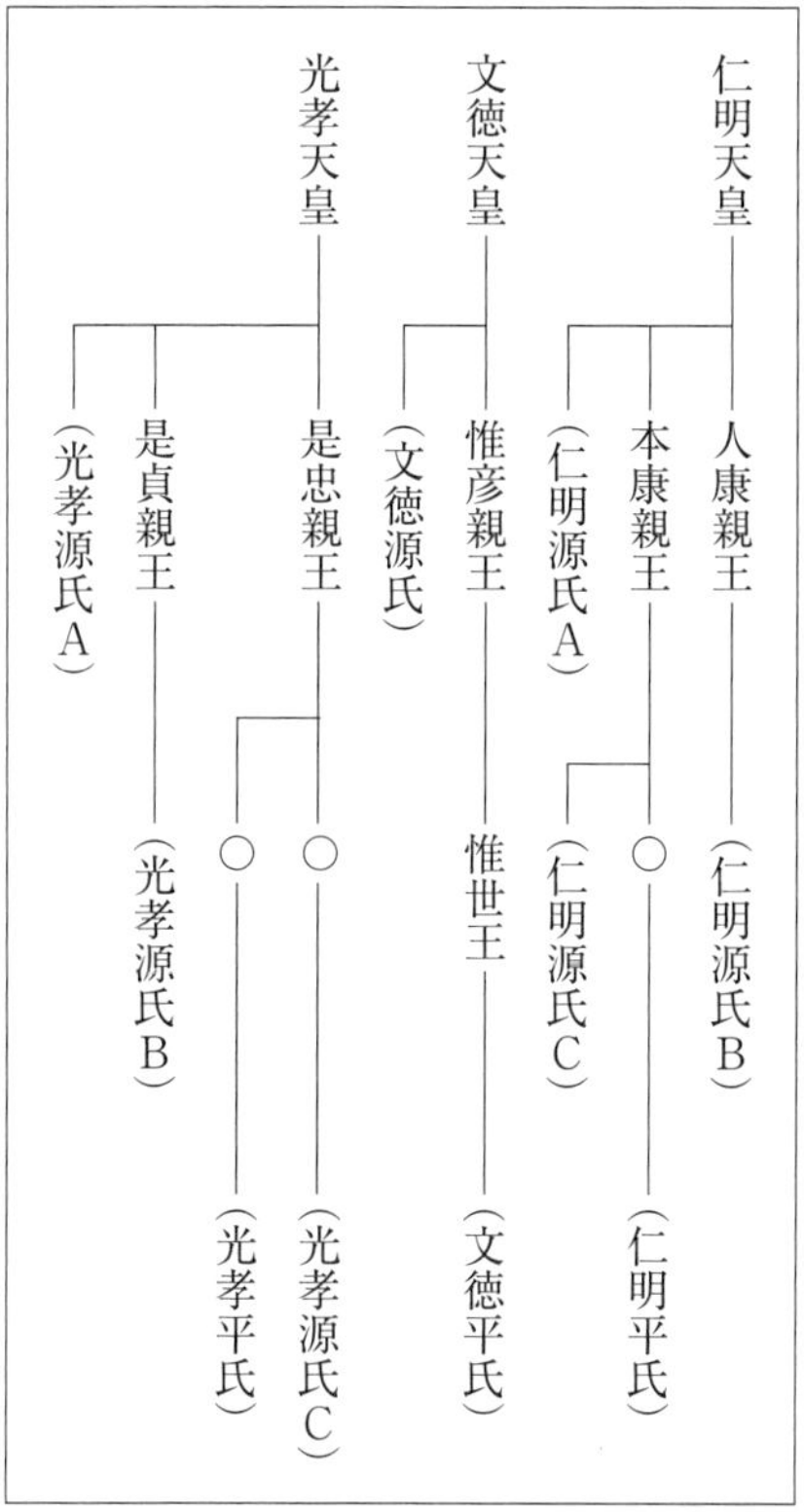

　ことほどさように桓武平氏と清和源氏は、中央政界での出世の道が、その出自の低さによってほぼ完全に閉ざされていた。しかし、

実にそのことこそが、彼らを地方へと向かわせ、ひいては次の時代の主役へと成長させていくきっかけとなっていったのである。言ってみれば、東京でのエリートコースに乗りそこねた非主流派の二人が、地方でベンチャー企業を立ち上げた結果、それが次世代の主流産業へと成長していったようなものだ。今日の逆境は明日への好機。まさに禍福は糾える縄の如しと言えようか。

源経基は「清和源氏」に非ず？

ところで今から百年以上も前、明治時代を代表する歴史学者である星野恒《ひさし》氏によって、武家源氏としての清和源氏が、実は陽成源氏であるとする学説が唱えられていた（「世ノ所謂清和源氏ハ陽成源氏ナル考」）。本書もまた「源氏」をテーマとする以上、やはりこの問題に若干は触れておかねばなるまい。

すなわち源経基は、一般に清和天皇の第六皇子貞純《さだずみ》親王の子とされてきたが、それに対して星野氏は、経基の孫に当たる源頼信《よりのぶ》が、永承元年（一〇四六）、石清水八幡宮に奉納した告文の中で、次のように述べていることを根拠として、経基は陽成天皇の皇子、元平《もとひら》親王の子であると主張されたのである。

敬《つつし》みて先祖の本系を明め奉れば、大菩薩（八幡、応神）の聖体は忝《かたじけ》なくも某《それがし》が二十二世の氏祖なり。先人は新発（満仲）、その先は経基、その先は元平親王、その先は陽成天皇（後略）

これに対し黒板勝美氏は、この源頼信の告文が、鎌倉時代の写しであって原本ではないこと、また逆に、この告文の写しより早くに成立した『大鏡』や『今昔物語集』に、経基が清和源氏と明記されていることを、「後世の竄入」とは考えにくいことなどから、陽成源氏説は成り立たないとされ（『国史の研究』）、今日に至るまでそれが通説となっている。

しかるに戦後になると、竹内理三氏（『武士の登場』）や奥富敬之氏（『天皇家と源氏』）といった鎌倉時代を専門とする諸大家が、この告文に一定の信憑性を認めるようになり、再び陽成源氏説が盛り返すようになった。しかし最近では、やはり源経基は清和源氏であって、この告文は信用できないとする説が圧倒的であり（藤田佳希氏「源経基の出自と「源頼信告文」」など）、陽成源氏説はもはや成り立つ余地はない。よって本書では、やはりこの一門を「清和源氏」と呼んでいこうと思う。

なお、もし万一「清和源氏」が実は「陽成源氏」であったとしても、光孝系の皇統から見て「遠き皇胤」であることに変わりはない。つまり、いずれにせよ源経基とその一門は、中央政界で出世する可能性が断たれており、それこそが彼らをして地方へと向かわせ、「武家」への道を歩ませるきっかけとなっていったのである。

2　公家源氏の「正統」

「久我」という「家」

公家源氏、村上源氏に話しをもどそう。まずは七九頁の系図⑫を御覧いただきたい。この系図を見ると、源氏長者の地位を世襲した村上源氏が、平安後期〜鎌倉前期の、いわゆる「家」成立の趨勢の中で、唐橋《からはし》・堀川・久我《こが》・六条・土御門・中院《なかのいん》・北畠《きたばたけ》という七家に分かれていったことが明白である。そしてまた、この七つの家の中で、いわゆる「正統」の立場にあったのが、ほぼ歴代、太政大臣の地位に就いている「久我」という家であったということも理解頂けよう。

往年の映画スター久我美子という美人女優をご存じだろうか。実は彼女こそ、この「源氏の正統」久我家嫡流のお姫様に他ならない。ちなみに彼女の名前を「くがよしこ」と読むのは芸名であって、本名（もちろん結婚前の）は「こがはるこ」といわれるそうである。つまり「久我家」の読みは、現代に至るまで「こがけ」であって、「くがけ」ではない。

また、この家が「久我」を名のるようになったきっかけは、この家が京都の西南郊にあった荘園、山城国久我荘の荘園領主であったからなのだが、近鉄・京阪の丹波橋駅から西に二〜三キロのところに位置する、この「久我」という地名もまた、今日に至るまで「こが」と読まれており、「くが」とは読まない。

村上源氏の嫡流が、この「久我」の地と関わりを持つようになったのは意外と早く、初代師房自身が書いた日記である『土右記《どゆうき》』の中に、すでに「久我の家に向かう」という記事が見えている。さらに、その子顕房や孫の雅実、曾孫雅定の代になると、彼らが久我の地に持っていた別荘として、「久我水閣」や「久我山庄」という名前が、当時の公家日記の中に、頻繁に見えるようになってくる。

中でも、源雅実とその孫雅通については、その別荘のある久我の地に葬られていたことが、中御門右大臣藤原宗忠の日記『中右記』や、『公卿補任』に記された彼らの死亡記事などから読みとれる。

例えば、鎌倉初期の勅撰和歌集である『千載和歌集《せんざいわかしゆう》』には、

春頃久我にまかれりけるついでに、父の大臣の墓所のあたりの花の散りけるを見て、昔花を惜み侍《はべり》ける心ざしなど思い出でて、詠み侍ける

権中納言通親

散り積る苔の下にも桜花惜しむ心やなほ残るらん

という、雅通の子通親の歌が載っており、彼もまた、父雅通の墓参りのため、久我の地を訪れていたことが知られるのである。

ところで、この雅実・雅通の墓所を指すと思われる古字名が、千年の時を越えて、今日も久我の地に残されている。「御墓山」（ミハカヤマ）と呼ばれるその古字名は、応永三年（一三九六）に作成された中世の土地台帳にも現在と同じ位置に記されており、明治十二年（一八七九）には当時の久我侯爵家が、その地を先祖の墓地として買収・整備され、「久我大臣之墓」という墓標が立てられている。

しかし近年、久我地方は京都近郊のベッドタウンとして開発が進み、この墓標の周囲にも、「御墓山」という古字名には似つかわしからぬ近代的な住宅街が建ち並びつつある。歴史的景観が開発とともに失われていくのは全国共通の悩みとはいえ、「久我」の地名とゆかりの深い「久我家」の墓地だけは、千年前と同じこの「御墓山」の地に残り続けてほしいものである。

最初の「源氏長者宣旨」

以上述べてきたように「久我」の地は、初代師房以来、村上源氏の嫡流に伝えられてきた別荘地で

あり、墓地であった。そして鎌倉初期、この地を相続した源通親は、これを「久我荘」という「荘園」として政府からの認可を受け、嫡子の通光へと譲っている。通光にはじまる家系を久我家と呼ぶのは、彼がこの久我荘を伝領したからに他ならない。

さて源通親には、それぞれ「一家」を起こすことになる堀川通具・久我通光・土御門定通・中院通方という四人の子供たちがいた（系図⑯参照）。この四人の内、最年長であったのは、久我通光より十六歳も年上の堀川通具であったが、彼は、その母が一ノ谷合戦で敗死した平通盛の娘であったため、平氏の滅亡とともに嫡子としての地位を失い、残る三人のうち、最年長の久我通光が、通親の嫡子となっていったらしい。

ところが承久三年（一二二一）、そんな久我家の運命を大きく狂わせる事件が起きる。承久の乱である。後鳥羽上皇を中心として挙兵した討幕軍が、幕府軍の圧倒的な軍事力の前に敗北すると、後鳥羽・土御門・順徳の三上皇はそれぞれ隠岐・土佐・佐渡へと配流され、久我通光もまた内大臣を辞任し、蟄居させられることになった。その結果、通光の兄堀川通具が奨学院別当に任じられた後、実に七十年近くもの間、久我家は奨学院別当の地位から遠ざかることになってしまう（巻末源氏長者一覧参照）。

その間、久我家では、仁治三年（一二四二）に四条天皇が嗣子なくして没し、再び後鳥羽天皇系の皇統から、一族の源通子が生んだ後嵯峨天皇が即位したことにともない、その四年後の寛元四年（一二四六）、久我通光もまた名誉を回復して太政大臣に上ることができた。しかし、その二年後の宝治二年（一二四八）、その通光が没すると、彼の遺族の間で激しい遺産相続争いが起こり、ほとんどの久我家領が他家へと流出してしまう。そしてさらに、その二年後の建長二年（一二五〇）には、通光の嫡子であった久我通忠が、恐らくは、たった一つ残された久我家領である久我荘のみを遺産として

系図⑯

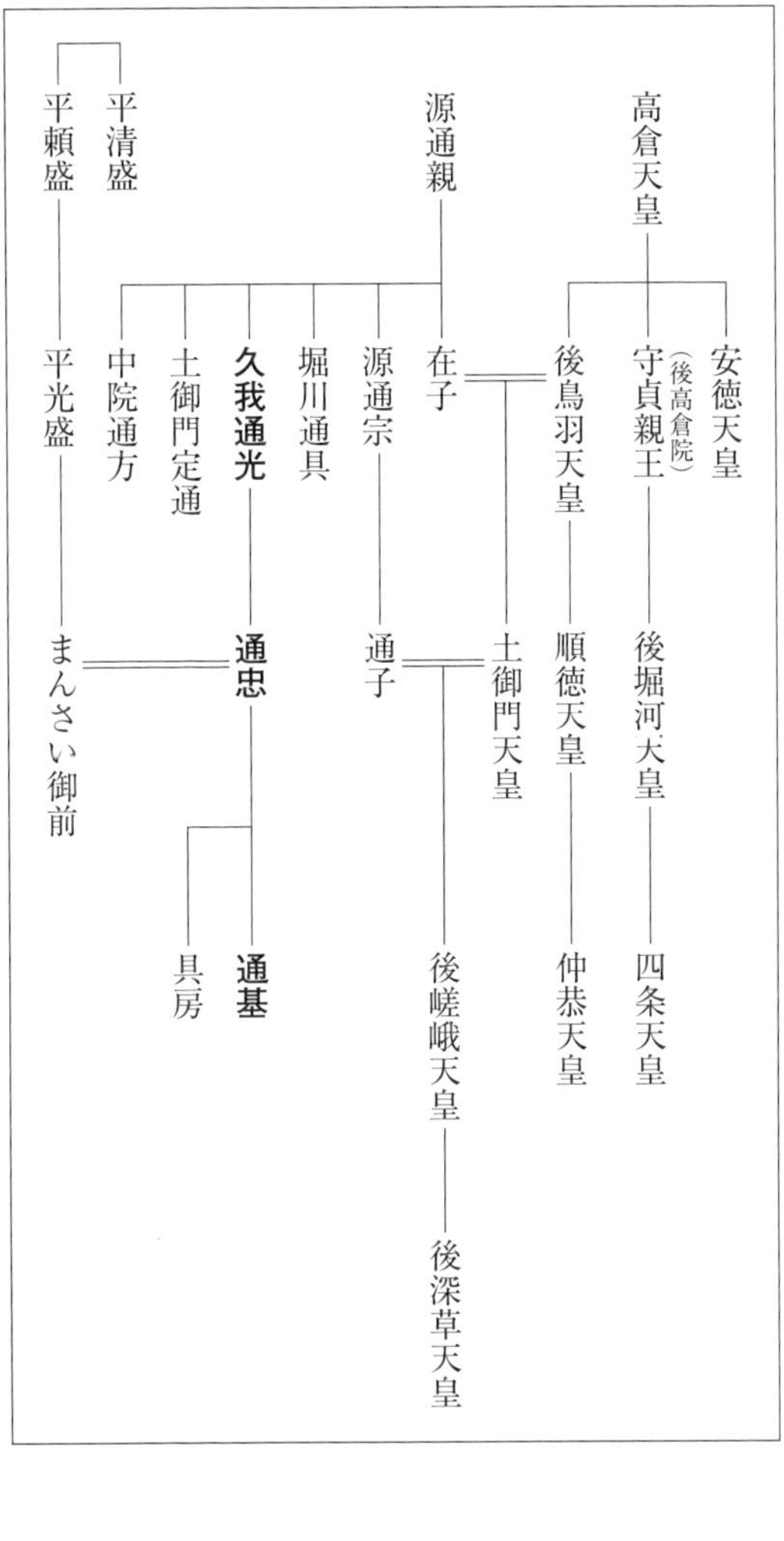

三十五歳で没してしまった。後に残された嫡子通基はこの年わずか十一歳、年長だが妾腹の具房は十二歳であり、久我家は経済的・社会的に未曾有の危機を迎えることとなったのである。

こうした久我家の危機を救ったのが、久我通忠の未亡人となった平光盛の娘、まんさい御前であった。正応二年（一二八九）、五十歳になった久我通基は、継母であるまんさい御前と、彼女の親戚と思われる五条局という女性から「池大納言家領」を譲り受け、経済的に一応の安定を得た。そして奇しくも、その前年にあたる正応元年七月、久我通基は内大臣に任じられ、同年九月、久我家は実に六十七年ぶりに奨学院別当の地位を回復している。久我家は、まさしく池大納言家領をその経済的基盤として、正応年間にその「再興」を成し遂げたと言える。

ところで、その通基の奨学院別当就任の様子を伝える勘解由小路《かでのこうじ》藤原兼仲の日記『勘仲記《かんちゆうき》』を見ると、

今日、洞院《とういん》中納言奉行として、源氏長者幷びに奨学院別当の宣旨を下さる。源氏長者の事、先例しからず。今度、内府頻《しき》りに請《こ》ひ申すの故なり。且は藤氏長者に准じ宣下すと云々、

と記されている。つまりこの時、通基は朝廷に再三申請することで、史上初めて、源氏長者であることを天皇の「宣旨」によって公式に認められているのである。このことは、いったい何を意味しているのであろうか。

この「源氏長者宣下」が、事実上の「久我家再興」を意味したことから考えれば、通基は、源通親の嫡子通光の流れである久我家を、村上源氏の「正統」と意識し、これを公的に認められたものとす

るため、こうした申請を行ったと考えることもできよう。しかし、時間的な経緯を考え合わせるならば、通基は、正応元年、源氏長者の地位を公式に認めてもらうことによって、翌正応二年、池大納言家領の相続を勝ち取ったと見なすことも可能であろう。源氏長者宣下と池大納言家領の伝領。一見無関係に見えるこの二つの間に、何らかの因果関係があったのか否か。その謎を解くため、まずは「池大納言家」とは何かについて考えていくことにしたい。

池大納言家領とは何か

平治の乱の際、平清盛に源頼朝の助命を嘆願した池禅尼《いけのぜんに》という女性をご存じの方も多かろう。彼女は平清盛の父忠盛の妻で、清盛にとっては継母にあたる。この池禅尼の実子、つまり清盛の異母弟こそ、池大納言平頼盛であった。

一般に「池大納言家領」とは、都落ちした平家の没官（没収）所領のうち、源頼朝が、かつて池禅尼に助命された恩義に報いるため、禅尼の実子平頼盛に返還した頼盛の旧領とされてきた。しかし、先の大戦で若くして戦死された村田正言という研究者は、平頼盛が鹿ヶ谷《ししがたに》陰謀事件や以仁王《もちひとおう》の挙兵にそれとなく関わっていたことを指摘されていた（「源頼朝と平頼盛」）。実際、鹿ヶ谷陰謀事件の首謀者の一人である俊寛僧都《しゅんかんそうず》は、平頼盛と義理の兄弟の関係にあたる。また、文字通り中世史研究の第一人者であった今は亡き石井進氏も、「以仁王挙兵の蔭に実は平頼盛あり」という可能性を、五味文彦氏との対談の中で示唆しておられる（『中世の人と政治』）。さらに杉橋隆夫氏によれば、池大納言家領の一つである駿河国大岡牧は、石橋山の合戦に際して、頼朝方の緊急避難所として利用されていたという（「牧の方の出身と政治的位置」）。

これらの状況証拠を考え合わせるならば、平頼盛が、平家一門の中に身を置きながら、反平家方の諸勢力と常にコンタクトをとり続けていた可能性は高い。清盛の側から見れば、異母弟の頼盛はまさに「獅子身中の虫」と言えようが、逆に頼朝の側から見ると、政権内部からの離反者である頼盛は、清盛一門追討の「功労者」ということになる。そう考えるならば、池大納言家領の返付とは、そうした平頼盛の「奉公」に対する、頼朝方からの「恩賞」であったとも考えられよう。

その意味において、鎌倉時代の池大納言家とは、「公家《くげ》」に姿を変えて生き残った「平家の残党」であると同時に、鎌倉幕府の「隠れ御家人」であったと見なすことができる。そして池大納言家領とは、そのような「隠れ御家人」である池家に対し、鎌倉幕府が「本領安堵《ほんりょうあんど》」したところの、広義の「関東御領」だったのである。

村上源氏の関東伺候

よく知られているとおり、鎌倉幕府は将軍と御家人との主従関係によってささえられていた。高校の日本史教科書には、ほぼ決まって次のような記述が見えている。

御家人は地頭に任命されることによって、父祖伝来の領地の保持を認められたり（本領安堵）、新たな領地を与えられる（新恩給与）などの御恩をうけ、かわりに平時には京都大番役や鎌倉番役の勤務、戦時には生命をかけての戦闘参加などの奉公にはげんだ。このような、土地の給与をつうじてむすばれた主従関係を、一般に封建制度とよんでいる。

確かに、鎌倉幕府から父祖伝来の領地を「本領安堵」された「隠れ御家人」である池大納言家も、幕府に対して平時の「奉公」を続けていったらしい。例えば承久三年（一二二一）、池大納言家領の一つである播磨国在田荘を「安堵」された平保業《やすなり》（頼盛の子）の子孫は、その後、鎌倉に下向して、幕府滅亡に至るまで歴代の将軍家に勤仕し続けている。また池大納言家領の内、半数近くを父頼盛から伝領した平光盛も、建保七年（一二一九）の源実朝右大臣任官に際して、坊門忠信や西園寺実氏らとともに鎌倉に下向し、実朝の鶴岡八幡宮参詣に付き従っている。

ところが光盛は、この参詣の最中（帰路）、雪降る鶴岡八幡宮の大石段で、主君実朝が甥の公暁に斬り殺される現場に遭遇してしまう。ほうぼうのていで京都に逃げ帰った光盛は、「あんな恐ろしいところに二度と行けるものか」とばかりに二度と鎌倉へと足を向けることはなくなり、その子たちも関東に伺候することなく出家するなどして、その「家」は事実上断絶する。そして、それに対応するかのように池大納言家領は、久我家へと流出していくことになる。

それでは、そのような池大納言家領を、光盛の娘まんさい御前を通じて相続した久我通基は、いったいどのような形で、幕府への「奉公」を果たしていったのであろうか。ここで注意すべきことは、通基がまんさい御前から池大納言家領を相続した正応二年（一二八九）、彼は内大臣という地位にあり、容易に関東へ下向し得るような立場にはなかったということである。実際、彼は一度も鎌倉に足を向けていない。

私としては、いわばその通基の身代わりとも言うべき形で、正応五年から三年間にわたり、関東に

系図⑰

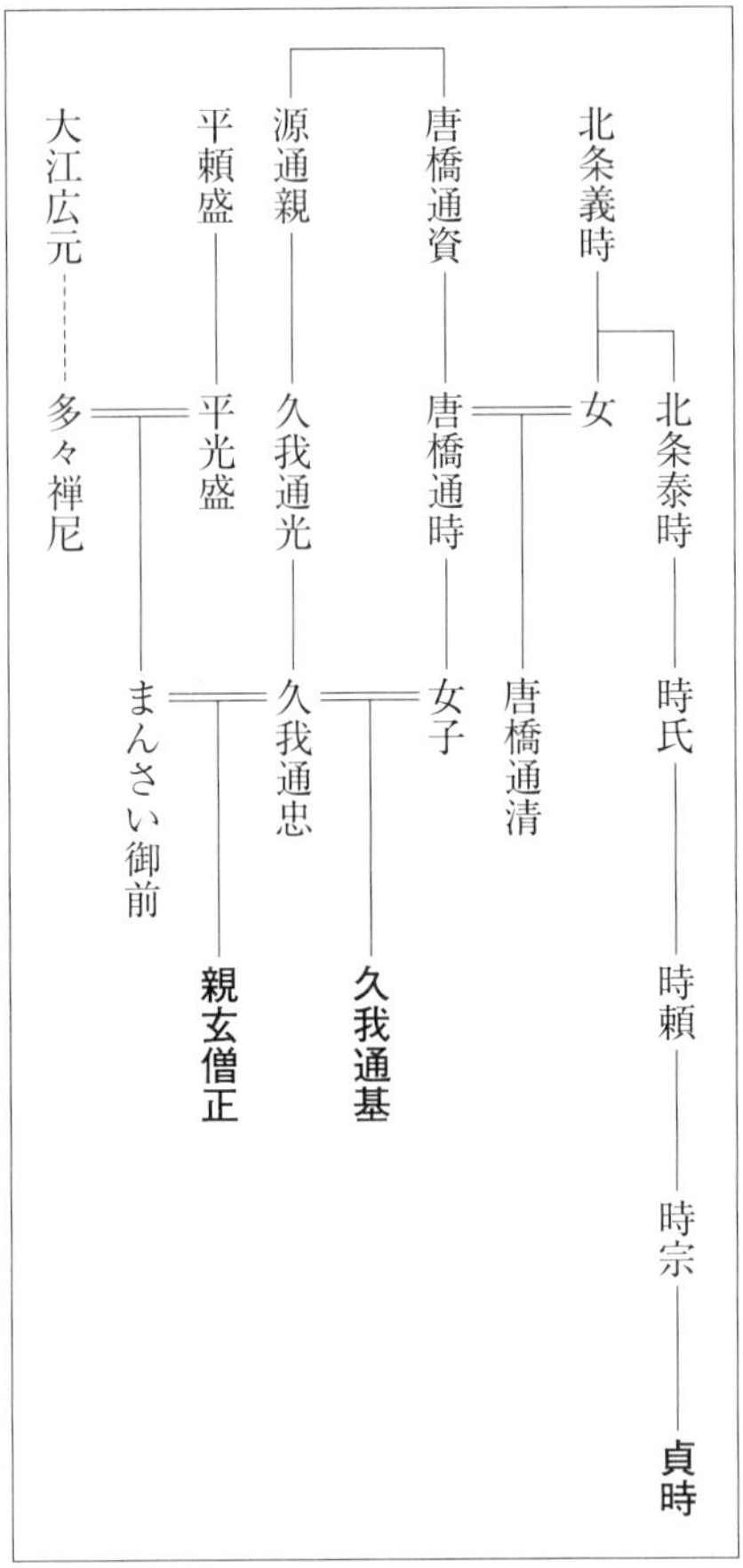

伺候した人物として、通基の弟である親玄僧正《しんげんそうじょう》なる人物に注目したい。親玄僧正は、執権《しっけん》（得宗《とくそう》）北条貞時の信任を得て、鎌倉にありながら醍醐寺《だいごじ》座主《ざす》に補された人物として有名であり、関東に伺候《しこう》した「東下りの僧」の代表的人物と言うことができる。しかも、醍醐寺に残された彼の鎌倉滞在日記を見ると、彼が京都の久我家と頻繁に連絡を取り合っていた様子がうかがい知られ、彼の行動が、あくまでも久我家の一員としてのそれであったことを示唆している。

ここで系図⑰を御覧いただきたい。久我通基の母は、関東に伺候した公家として有名な唐橋通時の娘であり、その通時の妻は北条義時の娘であった。つまり通基は、北条義時の曾孫であった可能性が高い。一方、関東に伺候した親玄僧正の母は、平光盛の娘まんさい御前と推定され、しかもそのまんさい御前の母は、幕府創業の功臣として名高い大江広元の一族と考えられる（岡野友彦『中世久我家と久我家領荘園』）。つまり通基と親玄の兄弟は、様々な形で幕府への交渉回路を有していたのである。恐らく彼らは、それらのチャンネルを十分に利用して幕府に働きかけ、池大納言家領の相続安堵を勝ち取ったに違いない。

さらに、その働きかけの周辺には、正応年間当時、親王将軍に従って多数京都から関東へと下向していた村上源氏一門の存在も見え隠れする。藤沢在住の在野の研究者で、鎌倉の政治史に詳しい湯山学氏の研究によると（『相模国の中世史』上）、関東に伺候した人数だけから言っても、頼朝の妹を妻にした一条能保《よしやす》の一条家や、頼朝の弟阿野全成の姻族である三条家（阿野家）、摂家将軍の一族である難波家に匹敵する数の村上源氏が、関東に下向したとされている。とするならば、通基が彼らを全く利用しなかったと考える方が不自然であろう。

しかし、親玄僧正のような近親の関東伺候ならともかく、遠い親戚にあたる村上源氏一門の関東伺候を、久我家の「奉公」と読み替えてもらうためには、それなりの工夫が必要であったに違いない。私は、それこそが正応元年、通基が頻繁な申請によって入手した初の「源氏長者宣旨」であったと考えている。

つまり、久我通基は、広義の「関東御領」である池大納言家領の相続を、幕府から「御恩」として

「安堵」してもらうために、村上源氏一門による関東伺候を、久我家の「奉公」と見なしてもらう必要があった。そのために通基は、彼ら村上源氏一門を代表する源氏長者という地位に、「宣旨」という公式な形で就こうとしたのではないかと考えているのである。

平家琵琶法師と源氏長者

もっとも、正応元年の源氏長者宣下と翌二年の池大納言家領伝領という、この両者の因果関係は、もっと単純な事情でも説明できそうである。というのも、第一章で詳しく見てきたように、源氏長者の権能とされるもののほとんどすべては、「平氏」をも含む「広義の王氏」全体の長者としての権能であった。とするならば、久我家がそうした源氏長者の地位を、「宣旨」によって公認されることで、公家社会に生き残った「平氏」所領の正統な継承者として認められたということも、十分に考えられるからである。

ここで注目したいのは、本章の冒頭にもご登場願った兵藤裕己氏の、平家琵琶法師と源氏長者をめぐる次のような見解である。すなわち氏によれば、「中院流が平家座頭と関係をむすんだのは、はやくても鎌倉時代中期」のことであり、ちょうどその頃、久我通基が最初の源氏長者宣下を受けていることを、「中院流が源氏の氏長者（王氏の長）として自らの家格を高めつつあった時期」に当たるとして、

「桓武天皇の御末」の物語の管理者には王氏の長がふさわしいといった連想が琵琶法師（および中院流の双方）にはたらいたものだろうか。

と述べられているのである（『平家物語の歴史と芸能』）。

「祇園精舎の鐘の声…」ではじまる『平家物語』が、琵琶法師とよばれる僧形の盲目芸能者の弾き語りによって広まっていったことは、ラフカディオ・ハーンの怪談「耳なし芳一《ほういち》」などによってよく知られている。そしてそんな琵琶法師たちが、「当道座《とうどうざ》」とよばれる同業組合を組織していたことも、文学史・芸能史・盲人史・民俗学などといった様々な分野の研究で触れられてきた。

中世において商人・職人・芸能民らが結成した同業者組織である「座」は、必ず貴族・寺社を「本所」とし、一定の奉仕や貢納を行う代わりに、課税の免除や営業の独占権などを認められるのを常とした。石清水八幡宮を本所とする大山崎神人《じにん》の油座や、北野社を本所とする西京の麹座《こうじざ》などは有名である。久我家（村上源氏中院流）は、そんな「座」の一つである当道座の「本所」であった。

琵琶法師たちが久我家と関係をむすぶようになったのが、兵藤氏の言われる「鎌倉時代中期」まで遡るかどうかは定かではない。しかし、「平家」を語る琵琶法師たちが、久我家と関係をむすぶようになった最初のきっかけは、兵藤氏の言われるとおり、正応元年の源氏長者宣下にあったに違いないと私も思う。というのも、その源氏長者宣下の翌年、久我家は、公家社会に生き残った唯一の「平家」領である池大納言家領を相続し、「平家」の正統な相続人となっているからである。「平家」を語る琵琶法師たちが、「平家」の正統な相続人である久我家を、その「本所」と仰ぐようになるのは、きわめて自然な成り行きと言える。

このように考えてくると、正応元年（一二八八）に久我通基が初めて受けた「源氏長者宣旨」の持つ意味は、久我家を「広義の王氏」全体の長者とすることで、これを「平家」の正統な相続人として認めてもらうためのものであったと考えられそうである。但し、言うまでもなく「平家没官領」の相続を「認める」権限は、あくまでも鎌倉幕府に保持されていた。とするならば、そうした相続を認めてもらうためには、鎌倉幕府に伺候している弟親玄僧正をはじめ、村上源氏一門のさまざまな働きかけが必要であったに違いなく、そのような一門の動員を可能とするためにも、通基は「源氏長者」でなければならなかったに違いない。そこでここでは、最初の「源氏長者宣旨」が持つ意味を、この両者が入り交じったところに求めておくことにしたい。つまり久我家は、鎌倉幕府に伺候する村上源氏一門の代表者として、「広義の王氏」の一つである「平家」領の正統な相続人に認められていったと。

ここで間違えないでいただきたいことは、この時、村上源氏一門が伺候していた鎌倉幕府とは、源頼朝にはじまる清和源氏の将軍家ではなく、前章の最後に述べた院宮家の一つである親王将軍家（次章で説明）であったということである。本章の前半で述べてきた、村上源氏（公家源氏）と清和源氏（武家源氏）の決定的な身分格差は、鎌倉時代を通じて変わることがなかった。清和源氏（武家源氏）に対し、村上源氏（公家源氏）が伺候するなどという逆転現象が起こるのは、室町時代に入ってからのことになる。

第三章「源氏願望」の正体

1　源氏でなければ将軍になれない？

百二十年ぶりの源氏将軍尊氏

鎌倉幕府が滅亡して二年余りたった建武二年（一三三五）七月、最後の得宗《とくそう》北条高時の遺児で、信濃の諏訪氏のもとに身を隠していた北条時行《ときゆき》が、軍を率いて鎌倉を奪還すると、建武政権は足利尊氏に時行の追討を命じた。すると尊氏は、

そもそも征夷将軍の任は、代々源平の輩《ともがら》、功によって其の位に居する例、勝計《あげてかぞふ》べからず。此の一事、殊《こと》に朝の為・家の為、望み深き所なり。

と称して、征夷大将軍への任官を望んだと『太平記』は伝えている。

しかし、尊氏がこのような発言をしたとされる建武二年までの征夷大将軍の歴史を実際にひもといてみると、「源平の輩」が、功によって征夷大将軍になったという例は、決して「勝計すべからず」（数え切れない）というほど多くはない。中でも、「源平の輩」と並び称された平氏の征夷大将軍任官の例は、平知盛が「征夷大将軍」に任ぜられたことを『平家物語』の諸本が伝えるものの、その実態

表⑤　征夷大将軍一覧

	名前	在職期間
1	大伴弟麻呂	七九四年（延暦13）正月1日〜？
2	坂上田村麻呂	七九七年（延暦16）11月5日〜？ 八〇四年（延暦23）正月28日〜？
3	文室綿麻呂	八一一年（弘仁2）4月17日〜？ 八一三年（弘仁4）5月30日〜？
4	源頼朝	一一九二年（建久3）7月12日〜 一一九九年（正治元）正月13日
5	源頼家	一二〇二年（建仁2）7月23日〜 一二〇三年（建仁3）9月7日
6	源実朝	一二〇三年（建仁3）9月7日〜 一二一九年（承久元）正月27日
7	藤原頼経	一二二六年（嘉禄2）正月27日〜 一二四四年（寛元2）4月28日
8	藤原頼嗣	一二四四年（寛元2）4月28日〜 一二五二年（建長4）4月1日
9	宗尊親王	一二五二年（建長4）4月1日〜 一二六六年（文永3）7月4日
10	惟康親王	一二六六年（文永3）7月24日〜 一二八九年（正応2）12月6日
11	久明親王	一二八九年（正応2）10月9日〜 一三〇八年（延慶元）7月9日
12	守邦親王	一三〇八年（延慶元）8月10日〜 一三三三年（元弘3）5月22日
13	護良親王	一三三三年（元弘3）6月13日〜 一三三三年（元弘3）8月22日から9月2日の間

（日本史史料研究会監修・関口崇史編『征夷大将軍研究の最前線』より部分引用　作成は鈴木由美氏）

は全く確認できないほどである。

右の表は、延暦年間の大伴弟麻呂《おおとものおとまろ》・坂上田村麻呂《さかのうえのたむらまろ》以来、建武二年に至るまでの「征夷大将軍」を一覧表にしたものであるが（鈴木由美「征夷大将軍一覧」参照）、この表を見ると、十三代五百年余にわたる征夷大将軍の歴史の中で、清和源氏がその地位にあったのは建久三年（一一九二）から承久元年（一二一九）までのわずか三代二十七年間にすぎず、特に建武二年以前の八十四年間は、「親王家」が将軍職を世襲するという「伝統」が、大塔宮《おおとうのみや》護良《もりよし》親王に至るまで、五代にわたってとぎれることなく続いていたことが読みとれよう。

つまり、『太平記』に見える尊氏の発言に反して、建武政権期における「征夷大将軍」の「常識」は、「代々源平の輩」が任じられるというものではなく、「院宮家」の一つである親王家が任じられるというものであった。建武政権において、大塔宮護良親王が征夷大将軍に任じられたことも、後世の「源氏将軍」のイメージからするといささか不自然な感じがするが、むしろ当時においては「常識的」な選択であったと言える。実際、尊氏の将軍任官要求を退けた後醍醐天皇は、その代わりとして、足利直義《ただよし》に奉じられて鎌倉に下っていた成良《なりよし》親王を次の征夷大将軍に任命している。親王将軍は六代にわたって続いていたのだ。

その三年後の暦応元年（一三三八）、尊氏は北朝の光明天皇から征夷大将軍に任じられ、念願の将軍職を手に入れるわけだが、それは決して清和源氏として当然の任官だったのではない。清和源氏の将軍任官は、源実朝以来、実に百二十年ぶりのできごとだったのである。

藤原頼経の源氏改姓問題

もちろん、源実朝が暗殺された後も、源氏こそが将軍にふさわしいという「理想」が、その「現実」とは別に存在していたこともまた事実である。このことについては鎌倉時代の政治史に詳しい南山大学の青山幹哉氏が、「鎌倉将軍の三つの姓」という優れた論文として発表しておられる。そこで本節では以下、主としてこの青山論文に従い、鎌倉将軍と源氏姓の関わりを見ていくことにしたい。

嘉禄二年（一二二六）、四代将軍藤原頼経が将軍に就任する際、鎌倉幕府内では藤原姓を源姓に改めるべきではないかという議論が起こった。この時幕府は、その判断を藤原氏の氏神である春日大社に仰ぐため、佐々木信綱を使いとして派遣している。結局、この時の神判は、将軍権力の形骸化を進めたい北条氏の思惑もあって、「藤氏を改むべからず」ということになったわけだが、こうした議論が起こってくる背景に、源氏こそが将軍職にふさわしいとする御家人たちの要望があったことは間違いない。

ところで私は序章において、「姓は血縁原理によって継承されるため、生涯変わることがない」と述べたが、それでは、本来「生涯変わることがない」はずの姓を、春日大社の神判という形をとるにせよ、源氏に改めようとすることができたのは何故なのだろうか。このことについて、やはり私は序章において、

七〜八世紀に制定された律令の一つである「戸婚律」を見ると、三歳以下で「異姓」の養子となった者は、その養父の姓に改めることが許されており、わが国では比較的早くから、養子による改姓が例外的にではあれ認められていたようである。

と述べた。そして実際、頼経が鎌倉に下向したのはわずか二歳の時であった。

つまり頼経は、源氏の改姓する可能性を秘めて、わずか二歳で鎌倉に下向してきたと想定できる。

ところが、頼経が源氏という氏（ウジ）をも相続することは、「源氏将軍」にカリスマ性を求める御家人たちとの結びつきを強めることにつながりかねない。そのことを恐れた北条氏は、頼経の改姓を未然に阻止したと考えられるわけである。

惟康王への源氏賜姓

建長四年（一二五二）、今度は後嵯峨上皇の第一皇子である宗尊《むねたか》親王が、十三歳で鎌倉に下向してきた。ここで注目すべきことは、宗尊親王が前将軍藤原頼嗣《よりつぐ》の婿や養子になることなく、いわば頼朝以来の「源氏将軍家」とは明確に断絶した形で、将軍職に就いているということである。

そもそも、戦後実証主義史学の中核的存在であった佐藤進一氏が、その名著『日本の中世国家』の中で明らかにされたとおり、鎌倉幕府という政治機構にとって、

東国政権の首長（東国の主）たるにふさわしい皇親、と東国軍事団体の長（武家の棟梁）たる武将との両主制

は、以仁王の令旨に正統性を求め、以仁王が東国に健在であるかのようによそおって挙兵した源頼朝以来の理想であった。すなわち、以仁王（東国の主）と源頼朝（武家の棟梁）という「両主制」を理想型としてスタートした鎌倉幕府が、宗尊親王（東国の主）と北条時頼（武家の棟梁）という「両主制」によって、その理想を実現したとでもいうことができようか。

いずれにせよ、宗尊親王にはじまる「宮将軍家」は、源頼朝にはじまる「源氏将軍家」とは全く次元の異なる将軍家であったと言うことができる。ところが文永七年（一二七〇）、そんな宮将軍家に

大きな変化が起きる。宗尊親王の嫡男で、四年前に父から将軍職を継承していた惟康王《これやす》（後の惟康親王）が、七歳にして源姓を賜り、源惟康として臣籍に降下したのである。こうして、実朝以来約半世紀ぶりの「源氏将軍」が復活した。但し、この時の源氏は、清和源氏ではなく「後嵯峨源氏」であったわけだが。

この時、二世孫王の惟康王が「源氏将軍」になったことは、「源氏将軍」の貴種性を高める上で計り知れないほど大きい意味があったと私は考えているのだが、ここでは元永二年（一一一九）の有仁《ありひと》王（後三条源氏）以来、百五十年ぶりになる源氏賜姓が、どうしてこの時に行われたのか、その背景から先に考えていくことにしたい。

この問題については、やはり青山幹哉氏が、本来であれば「二世の皇親である惟康王が臣籍に入る必然性はない」こと、さらに「幕府の意向なくしてこのようなことが行われるはずもない」ことを論じられた上で、ちょうどその頃、鎌倉幕府政治を主導していた安達泰盛《あだちやすもり》が、「源氏将軍に対し尊崇の念をもっていたこと」から、「源姓の将軍を復活させた理由は」、泰盛が主導した幕政改革の一環だったのではないかと指摘されている。

確かに、それから十五年たった弘安八年（一二八五）、安達泰盛が平頼綱《たいらのよりつな》によって滅ぼされると、その二年後、将軍源惟康は親王宣下を受けて惟康親王となり、再び皇族に復している。後嵯峨源氏による「源氏将軍」は、安達泰盛政権の崩壊とともに、十七年間でついえ去っているのである。

ところで、南北朝期に作成された『保暦間記《ほうりやくかんき》』という歴史書によると、「霜月《しもつき》騒動」と呼ばれるこの安達一族の滅亡事件は、泰盛の嫡男である安達宗景《むねかげ》が、将軍になろうと企てて、曾祖父の景盛が頼朝の「ご落胤」であったと称し、源氏に改姓したと訴えられたことにはじまるとされている。この事件には様々な意味で不審な点が多く、その「源氏改姓」もまた事実であったとは考えがたい。しかしその真相はともかく、安達一族が「源氏」に対してある種のあこがれを持っており、それが反泰盛派にとって格好の讒言の口実となり得たこと、そしてまた、源氏に改姓するということが、すなわち将軍になろうとしていると見なされるほど、鎌倉御家人たちにとって、「源氏」と「将軍」は分かち難く結びついていたという、この二点だけは、この事件を通じて確認することができる。

将軍になろうとした源氏たち

ちなみに、「将軍になろう」として滅ぼされた源氏は、何も安達氏が最初ではない。そもそも安達氏の場合、本来の姓は藤原氏であり、「将軍になろう」としたというより、「源氏になろう」としていたと言う方が正しい。しかし鎌倉時代百五十年の歴史の中では、正真正銘の清和源氏が、幾度となく「将軍になろう」として滅ぼされていた。

建仁三年（一二〇三）、二代将軍頼家が将軍を廃されてから二年後の元久二年、北条時政とその妻牧氏が、娘婿の平賀朝雅《ひらがともまさ》を将軍に擁立しようとして失敗し、時政は伊豆に隠退、朝雅は京都で討たれるという事件が起きた。一般に「牧氏《まきし》の変」と呼ばれるこの事件も、朝雅が清和源氏（八幡太郎義家の弟新羅三郎義光の曾孫、系図⑱参照）でなければ起こり得なかった事件に違いない。

また建保七年（一二一九）、三代将軍実朝が暗殺された直後には、源頼朝の弟で建仁三年（一二〇三）に殺された阿野全成《あのぜんじょう》の子時元が、駿河に兵を挙げ敗死している。さらに、鎌倉時代も末期に近付いた永仁四年（一二九六）には、やはり頼朝の弟で建久四年（一一九三）に殺された源範頼の玄孫にあたる吉見義世が、謀反陰謀の罪によって斬首されている。ちなみにこの永仁四年は、将軍職が親王に世襲されるようになって三代目の久明親王の時代に当たる。つまり、清和源氏の将軍が途絶えて八十年近くを経てもなお、清和源氏は、将軍にふさわしい氏姓として、反北条氏の旗印となり得たということになる。

そのように考えてくると、弘安七年（一二八四）、足利尊氏の祖父家時が、

八幡太郎義家は、七代目の子孫に生まれ変わって天下を取ると遺言していた。しかし義家から七代目に当たる自分は天下が取れない。そこで、自分の命を縮めて三代の内に天下を取らせようと思う。

と八幡大菩薩に祈願して自殺したという、『難太平記《なんたいへいき》』が伝える有名な逸話も、あながち孫の尊氏が実際に天下を取った後の作り話とばかりは言えそうもない。そもそも弘安七年と言えば、先に述べた霜月騒動の前年に当たり、この二つの事件（足利家時の自殺と安達泰盛の討伐）を無関係と考えるのも不自然であろう。とすると、足利家時もまた、「将軍になろう」として、もしくは「将軍になろうとしていると疑われて」滅ぼされた（自殺に追い込まれた）源氏の一人であった可能性が限りなく高い（田中大喜『下野足利氏』）。

足利尊氏は、そのような家時の孫として、家時の自殺から二十年余りたった嘉元三年（一三〇五）

に生まれた。本節の冒頭に述べた建武二年（一三三五）の尊氏の発言は、恐らく、親王将軍が八十四年間も続いていたという「現実」を百も承知の上で、「将軍になろう」としてきた父祖以来の念願を果たすため、源氏こそが将軍にふさわしいという「理想」の主張としてなされたものであったに違いない。

しかして尊氏以降、この「理想」はまさしく「現実」と化し、尊氏から徳川慶喜に至る三十代五百

系図⑱

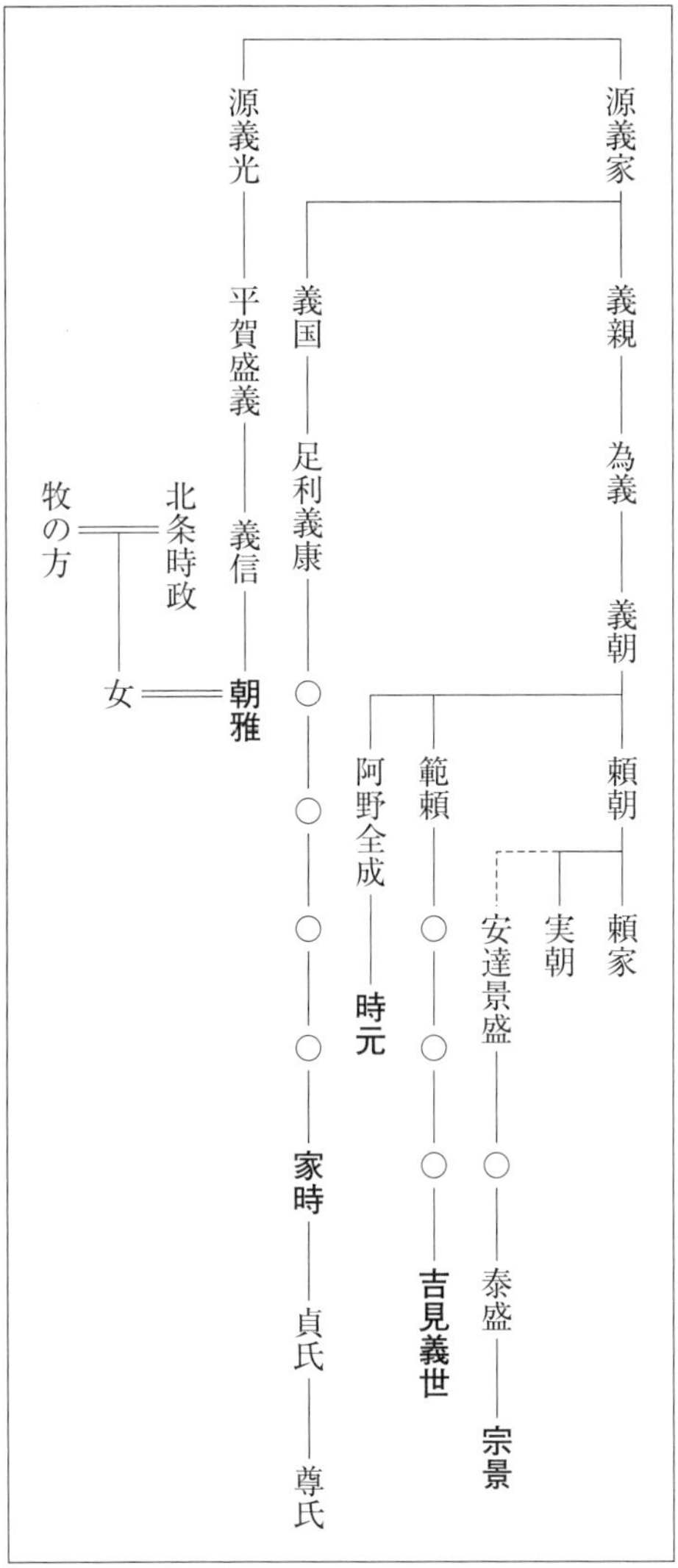

三十年もの間、源氏以外の者が将軍職に就くということはなくなってしまう。そんな後世の歴史を知っている私たちは、えてして尊氏の時代から「源氏でなければ将軍になれない」という「常識」が存在したかのように思いこみがちである。しかし、尊氏の時代に存在していたのは、あくまでも「源氏こそが将軍にふさわしい」という「理想」にすぎなかった。

ことほどさように「源氏」と「将軍」は、それほどきれいに等号で結び付けられるものではない。そこで次節では、そのことを確認するため、主として中世後期に「源氏になろう」とした武将たちの列伝を掲げ、彼らが「将軍になろう」としていたか否かを確認していくことにしたい。

2　源氏になろうとした武将たち

宮本武蔵は村上源氏？

近世初期に活躍した剣豪、宮本武蔵を知らない人はいない。しかし、武蔵の出自は多くの謎に包まれたままである。そんな謎を解く史料の一つとして、よく注目されるものに承応二年（一六五三）、宮本武蔵の養子伊織《いおり》が、彼の生国である播磨国米田の泊神社に社殿を建立した際、同社に奉納した次のような棟札がある。

余の祖先は人王六十二代村上天皇第七皇子具平親王より流れ伝えて赤松氏に出、高祖刑部大夫持《ぎょうぶのだいぶ》貞、運振るわず、故《ゆえ》に其の顕氏を避け、田原と改称し、播州印南郡河南庄米堕邑に居し、子孫世々此に産す。曾祖は左京大夫貞光と曰《い》う。祖考は家貞と曰う。先考は久光と曰う。貞光より来たり則ち相継ぎて小寺其甲の麾下《きか》に属す。故に筑前に於いて子孫今に見存す。作州の顕氏に神免（新免）なる者有り。天正の間、嗣無くして筑前秋月城に卒《しゅっ》す。遺を受けて家を承け、武蔵掾《むさしのじょう》玄信と曰く。後に宮本と氏を改む。また子無くして余を以て義子となす。故に余、今に其の氏を称す。（後略）

つまり宮本武蔵は、村上源氏の末流である赤松家の分家、田原家の出身であったが、美作の新免家に嗣子がなかったため、新免家の養子に入った。ところが武蔵は後に宮本と姓を改め、また武蔵にも子がなく伊織を養子としたため、伊織もまた宮本と名のったというのである。

このような近世初期の祖先伝承に、信頼すべきものがほとんど見られないことはよく知られた事実であり、武蔵自身の著として有名な『五輪書』に、「新免武蔵守藤原玄信」と藤原姓で記されている宮本武蔵の本姓について、今ここで議論するつもりは毛頭ない。ただ、本姓の定かでない無数の群雄が割拠した下剋上の時代を経てもなお、「○○天皇第○世の後胤」といった名のりが、武家社会で生きてゆく上に必要不可欠であったことだけを、ここでは確認しておきたい。

もちろん宮本伊織にとって、自らを「村上天皇の末裔」と称することにどれほどの意味があったかは疑問である。また宮本武蔵も決して「源氏になろう」としていたとは考えられない。むしろ、武蔵の没後に、伊織が北九州は小倉城下の手向山に建立したとされている「小倉碑文」に、

兵法天下無双、播州赤松末流、新免武蔵玄信二天居士碑

とあることや、宮本武蔵・伊織父子の出身地が美作ないし播磨とされていること、そしてこの地方には、中世播磨の守護大名として覇を唱えた赤松家の末裔を自称する家が少なくないことを考え合わせるならば、武蔵・伊織父子にとっては「赤松家の末裔」と称することの方に、より強い意味があったと考えられよう。そして、たまたまその赤松家が村上源氏であったが故に、伊織もまた村上源氏を自称したと考えた方がわかりやすい。

つまり、宮本武蔵が赤松家の末裔であったということ自体、はなはだ疑わしいと言わざるを得ないわけだが、実は、その赤松家が村上源氏であったということもまた、かなり疑わしい「祖先伝承」であった。

赤松が村上源氏を称した理由

赤松の家祖とされる円心《えんしん》は、『太平記』において、「播磨国の住人、村上天皇第七御子具平親王六代の苗裔、従三位季房が末孫」として登場する。これが赤松家を村上源氏とする初見史料であるが、ここに見える源季房という人物は、村上源氏の始祖師房の孫にあたり、『赤松記』などによれば播磨国佐用荘赤松谷に流され、配流地の豪族の娘との間に子をなした。やがて彼は許されて都に戻ったが、その子は播磨に留まって赤松家の始祖になったとされている。『源氏物語』明石の巻を彷彿とさせるようなこの伝説は、史実としては確認できない。しかし、播磨国の一介の地頭にすぎなかった赤松家が、このような「貴種流離譚」を用いて、中央の名門貴族村上源氏の一門と自称していたことはまぎれもない事実である。

どうやら、このようにして赤松家が自らを村上源氏と称した背景には、赤松円心と、護良親王・北畠親房との密接な交流が関係しているらしい。先にも述べた通り、円心は護良親王の令旨《りようじ》を得て倒幕運動に参加しており、また円心の息則祐は、護良親王とともに山伏に身をやつして熊野落ちに同行している。赤松家は、明らかに護良親王によって見出され、組織された武士であった。

ところで、その護良親王の母は北畠親房の叔母、親王の妻は親房の妹とされており、また親房自身が、護良親王の発案で陸奥に下向していることなどから、彼が護良親王と近しい政治思想を有していたことが指摘されている。そしてこの親房は、まぎれもない村上源氏の一門であり、鎌倉末には源氏一門の官位推挙権を握る源氏長者をもつとめていた（岡野友彦『北畠親房』）。

思うに赤松家は、護良親王を通じて親王のブレーン北畠親房に接近し、親房から、村上源氏と称することを許されていったのではなかろうか。もとより、そのことを直接証明し得る史料は一つもない。ただその後の赤松家は、北朝と南朝に分かれて敵対したはずの北畠家に対し、単に同じ村上源氏一門ということだけで説明するには不自然なほどの友好の意思表示を続けているのである。

たとえば、観応《かんのう》の擾乱《じようらん》を契機に起きた正平《しようへい》の一統に際し、北畠親房と赤松則祐は、それぞれ南朝と北朝に身を置きながら、相呼応して両朝合体を計っていた。また応永と正長の二度にわたる北畠満雅《みつまさ》の乱で満雅が滅ぼされた後、赤松満祐は、満雅の弟顕雅から出された北畠家存続の願いを、将軍足利義教に斡旋している。さらにその後、満祐は長男教康の妻に北畠顕雅の娘を迎え、両者の関係はますます密接なものになっていった。

ところが、嘉吉の変で赤松満祐が将軍義教を暗殺し幕府に滅ぼされると、赤松教康が妻の実家北畠家を頼って伊勢に落ちのびたものの、北畠顕雅は教康をかくまうことを拒んだらしく、教康は伊勢で自害、その首は京都に送られた。このように赤松・北畠両家の友好関係は、概して赤松家から北畠家への一方的な協力に留まり、北畠家はこれを利用することはあっても、決して積極的に赤松家を援助するということはなかった。私は、こうした赤松家から北畠家への「片思い」を、かつて赤松家が、北畠家によって村上源氏の一員に加えてもらったことに対する「借り」によるものではないかと考えている。

いずれにせよ、赤松円心という人物が、「源氏になろう」としていた武将の一人であったということだけは、ほぼ間違いない事実であろう。しかし円心は、言うまでもなく「将軍になろう」として源氏を自称したわけではない。ただ単に、最初にコネクションを持つことのできた「権門」が、北畠という村上源氏であったが故に、村上源氏を称していったに過ぎないのである。

源頼朝の「ご落胤」伝説

ところで私は、先に「源氏になろう」とした武将として、霜月騒動で滅ぼされた安達泰盛の嫡男宗景の例を挙げた。すなわち宗景は、曾祖父の景盛が頼朝の「ご落胤」であったと称し、源氏に改姓したとされている。先にも述べたとおり、この源氏改姓疑惑には不審な点が少なくないわけだが、時代が下って江戸時代になると、より明確に、自らの祖先を頼朝の「ご落胤」と称し、「源氏になろう」とする武将が現れてくる。ともに九州の戦国大名として名高い豊後の大友家と薩摩の島津家がそれである。

たとえば、江戸時代に著された『九州治乱記』という歴史書を見ると、大友家の家祖能直《よしなお》について、次のような記述がある。すなわち、頼朝が伊豆で流人としての生活をしていた時、上野国利根の郡主波多野四郎経家の娘を寵愛して子をなした。ところが正室の政子が嫉妬深かったため、彼女は頼朝の子を孕んだまま、ひそかに頼朝の近臣である中原親能《ちかよし》に与えられた。その後、親能の子として彼女が生んだ男子こそ大友能直であり、実は能直の実の父は頼朝なのだという。

一方、島津家において現在でも重用されている系図である尚古集成館所蔵の「島津氏正統系図」には、島津家の家祖忠久の出自が、次のように記されている。やはり頼朝が伊豆の流人であった頃、比企《ひき》能員《よしかず》の妹丹後局が頼朝の寵愛を受けて子を孕んだ。しかし、彼女もまた正室政子の嫉妬を恐れ、関東から上方に逃れて摂津国住吉に着いたときに男子が生まれた。この男子こそが島津忠久である。そしてその後、丹後局は関東にもどって惟宗広言《これむねひろこと》に嫁いだため、忠久もまた惟宗氏として育てられたが、実際は頼朝の子であるというのである。

こうして大友と島津の家祖伝承を比べてみると、この両者が余りにもよく似ていることに驚かされよう。恐らくこうした共通する伝承の背景には、北条政子という女性が、当時としては珍しい一夫一婦制を理想としており、頼朝が妾を持つことを決して許さなかったという、当時からよく知られた事実が関係していたに違いない。実際、常陸介《ひたちのすけ》藤原時長の娘大進局《だいしんのつぼね》が生んだ頼朝の「ご落胤」貞暁《じょうぎょう》は、政子の怒りを恐れて七歳で出家・上洛し、仁和寺を経て高野山に籠もり、その生涯を終えている。

火のないところ煙は立たない。頼朝「ご落胤」伝説の背景には、それが語り伝えられるだけの似たような事実が存在していたのである。しかし、恐らく実在の頼朝「ご落胤」はこの貞暁ただ一人であり、すでに多くの研究者によって指摘されているとおり、大友能直は古庄能成の実子、島津忠久は惟宗忠康の実子であったことが確実と考えられる。

私が勤務する皇學館大学には、作成年代の確かな最古の大友家系図である野津本「北条系図・大友系図」が収蔵されているが（『福富家文書』）、鎌倉後期の弘安九年（一二八六）に作成され、嘉元二年（一三〇四）に書き写されたこの系図によれば、大友能直は藤原鎌足の末裔、古庄能成の実子とされている。つまり、大友家は源氏ではなく藤原氏であった。

畿内荘園研究の先駆者であり、大分県の中世史についての第一人者でもあった渡辺澄夫氏によると、大友家が源姓でよばれるようになるのは、建武四年（一三三七）の「足利尊氏下文」に「大友孫太郎源氏泰《うじやす》」とあるのが最初らしい。渡辺氏はこれを、その前年、九州に敗走してきた尊氏が、大友家を味方に引き入れるため、氏泰に対して「兄弟におきては、猶子《ゆうし》の儀にてあるべく候」という文書を与えたことと関連づけ、尊氏から源姓を付与されたものと考えられている（「野津本「大友系図」の紹介」）。

また、島津家の本姓が惟宗氏であることは上述したとおりだが、鎌倉時代には藤原氏を称している。これは薩摩国島津荘《さつまのくにしまづのしょう》の荘園領主が、藤原氏の総本家ともいうべき近衛家であったことと関係があろう。島津家と近衛家の友好関係は幕末まで続き、島津家出身の天璋院篤姫《てんしょういんあつひめ》が、近衛家の養女となって徳川家定に嫁いだことは余りにも有名である。この両家の関係は、上述した赤松・北畠両家の関係を彷彿《ほうふつ》とさせる。

そんな島津家が源氏を称するようになるのは、十五世紀に入ってからのことであり、永享《えいきょう》初年（一四二九〜）や、文明十四年（一四八二）頃に成立した史料には、すでに上述したような頼朝「ご落胤」説があらわれている。一般に、島津家が源氏を称したことについては、同じく源氏を称した徳川将軍家に対抗する意味があったのではないかと論じられることが多い。しかし、島津家が源氏を称するようになるのは、徳川家のそれより百年以上も早く、将軍職云々といった意識とは、全く無関係であったことが明白である。

この問題については、『平安遺文』『鎌倉遺文』という膨大な史料集の編者として有名な竹内理三氏が、まだ若かりし頃に、

（島津貴久は）国王即ち足利将軍の族親ではないのに、「国王族親」と彼の記にあるところをみれば、恐らく、その貿易の利を高めるために、日本国王足利将軍の族親と称して威を張ったものであろう。そのために源姓を用ひたのであろう。

という明快な見通しを示しておられる（「島津氏源頼朝落胤説の起り」）。従うべきであろう。

天下人にとっての源氏姓

さて「将軍になろう」として「源氏になろう」とした武将と言って、恐らく多少なりとも日本史に関心の深い方なら誰でも思い浮かべるのが、信長・秀吉・家康という、いわゆる戦国の三英傑であろ

う。

一般に、信長は征夷大将軍になろうとしたが姓が平氏であったために叶《かな》えられず、秀吉は将軍になるため足利義昭の猶子（名義だけの養子）になろうとして拒否され、ひとり家康だけが「将軍になろう」として源氏になることに成功したとされている。しかるに近年の研究（堀新『織豊期王権論』ほか）によれば、こうした三英傑の「源氏願望」にまつわる俗説は、ほぼことごとく否定されたといってよい。

戦国末期、武家方と朝廷との連絡役である伝奏《てんそう》をつとめた勧修寺晴豊《かじゆうじはるとよ》の日記には、天正十年（一五八二）四月、次のような記事が残されている。

村井所へ参り候。安土へ女房衆御下し候て、太政大臣か関白か将軍か、御推任候て然るべく候よし申され候。

この記事については、勧修寺晴豊が村井貞勝に対し、天皇の意向として信長を「太政大臣か関白か将軍か」の三職いずれかに推任するつもりである旨を報じたとする解釈と、逆に晴豊が、信長の内意を受けた貞勝から、信長を三職のいずれかに推任するのがよいと告げられたとする解釈とがあり、「三職推任論争」として一時期、信長研究で最もホットなテーマの一つとなっていた。すなわち前者は、「申され候」の主語、つまり三職推任の提案者を天皇、およびその意を受けた晴豊とされ、後者はそれを信長の意を受けた貞勝とされたのである。また前者は、「然るべく候」を「～するつもりである」の意に、後者はこれを「～するのがよい」の意に訳したことになる。

この論争について、私個人としてはやはり前者が正しいと考えているが、ここではそのいずれにせよ、信長が平姓のまま、将軍職を含めた三職のいずれかに推任されようとしていた点に注目したい。つまり、信長自身が「将軍になろう」としていたか否かは別として、彼が平氏を称していたということは、何ら将軍になるための障害とはなっていなかったことが明らかなのである。

次に秀吉の場合、江戸幕府が編纂した室町時代の正史である『後鑑《のちかがみ》』に載せられた次の記事が有名である。

豊臣秀吉譜に云ふ。十三年、秀吉征夷大将軍にならんと欲す。権大納言源義昭に謂ひて曰く。公其れ我を養ふべし。我将軍とならん。公もし我を養はば、則ち公の安富尊栄疑ふべからず。義昭愚昧にして遂に従はず。是に於いて秀吉、菊亭右大臣晴季と相議る。晴季曰く。関白は人臣の高爵、士民の景仰、将軍より貴きこと遠し。公其れ関白に任ずべし。秀吉悦ぶ。

すなわち天正十三年（一五八五）、征夷大将軍となることを望んだ秀吉は、信長に追放されて備後の鞆にいた足利義昭に対し、自分を猶子、つまり名義だけの養子にしてくれるよう望んだ、ところが義昭がこれを拒否したため、秀吉は菊亭晴季と相談して関白になったとされている。

しかしながら近年、近世初期の政治史に詳しい堀新氏によってほぼ論破し尽くされたとおり、こうした逸話は当時の史料ではまったく確認できず、右に掲げた『後鑑』もこれを典拠としているように、林羅山《はやしらざん》が編纂した「豊臣秀吉譜」に見えるのが最初であるという。さらに堀氏によれば、秀吉はこの前年、正親町《おおぎまち》天皇から将軍任官を勧められたにもかかわらず、これを断っているのであり、右に掲げたような逸話は、江戸幕府のブレーンであった林羅山あたりが、ことさら将軍職を神聖化するために捏造した作り話であろうとのことである（堀「豊臣秀吉は征夷大将軍になりたかったのか？」）。

つまり信長も秀吉も、平姓のまま将軍に任官する可能性は十分あったのであり、少なくとも朝廷は、彼らが平氏であることを少しも問題にしていない。それではなぜ彼らは将軍にならなかったのか。私はこの問題を、平氏だから「なれなかった」のではなく、そもそも「なろうとしなかった」のだと考えているのだが、この問題については、終章で詳しく述べることにしたい。

ふたたび家康の源氏改姓について

私は前著『家康はなぜ江戸を選んだか』の中で、三河守《みかわのかみ》任官に際して藤原姓を名のっていた家康が、天正末年という時期を選んで源氏に改姓していること、また源氏の中でも特に新田系の源氏を自称していることに注目し、家康は、秀吉から与えられた関八州をうまく支配していくために、かつて鎌倉北条氏を滅ぼして鎌倉に入った新田氏を、小田原北条氏を滅ぼして関東に入った自らと重ねようとして、新田系の源氏に改姓したのではないかと述べたことがある。

この愚説に対しては、何人かの方から私信などの形で、

家康は秀吉から封ぜられて関東に入ったのだから、関東を侵略した後北条氏とちがって関東支配の正統性は十分に持っており、「新田源氏の記憶」のようなものをわざわざ「メタファー」として利用する必要はなかったのではないか。

といったご意見・ご批判を頂戴した。

しかし、秀吉から封ぜられた領地をうまく支配できずに改易された佐々成政《さつさなりまさ》の例を挙げるまでもなく、秀吉から封ぜられたから正統性があるなどということは決してなかった。まして関東は、「年久しく北条に帰服せし地なれば、新たに主をかへば必ず一揆蜂起すべし」(『徳川実紀』)といわれた土地であったのだから、家康がその領国支配のために、様々な手段を用いたとして少しも不思議ではない。

さらに里見家の歴史に詳しい滝川恒昭氏によれば、家康が新田源氏を称した最古の史料とされる天正十四年(一五八六)の里見義康宛家康書状は、後世の偽文書である可能性が限りなく高いとのことである。とすると、家康が公式に源氏を称したことの確実な史料は(大村由己の『聚楽行幸記』を別にすると)、天正十八年に江戸入りした翌年、鶴岡八幡宮・建長寺・円覚寺・香取社などといった関東一円の寺社に対して発した寺社領寄進の文書群が最初ということになる。家康は、まず何よりもこうした鎌倉以来の伝統を持つ権門寺社に対して、自らが源氏であることを「メタファー」として主張する必要があったと考えられよう。

もちろん、三河時代の松平家が、源氏を自称していたことを考え合わせると、源氏改姓の原因を「関東支配」の一点に求めることはできないかもしれない。しかし、三河守任官に際して、いったんは藤原姓を名のった家康が、あえて天正末年という時期を選んで再び源氏に改姓したことの持つ意味、それは「関東支配」との関係以外に考えられないと私は思う。

詳しくは本書補論二「家康生涯三度の源氏公称・改姓」を参照されたいが、いずれにせよこの時の家康の源氏改姓が、これまで言われてきたような「将軍職を望んで」のものでなかったことは明白であろう。そもそも、本章を通じて再三述べてきたとおり、源氏であるということは、征夷大将軍となるための必要条件でも十分条件でもなかった。鎌倉時代には藤原氏や王氏（親王家）の将軍が実在したし、信長や秀吉の時には、平氏の将軍が出現する可能性も十分にあったのである。

にもかかわらず私たちは、えてして「源氏でなければ将軍になれない」であるとか、「源氏に改姓したのは将軍になろうとしていたからだ」などといった俗説を信じ込みやすい。これは一つには、本章の前半で述べた「源氏こそが将軍にふさわしい」という鎌倉以来の「源氏将軍」に対する「理想」を、当時の「現実」と錯覚したことが関係していよう。しかしより根本的には、源氏長者が征夷大将軍の兼職と化した江戸時代の「常識」に引きずられ、征夷大将軍には源氏長者がなるはずだという誤解を、多くの人が持っているためなのではなかろうか。

しかし、前章の冒頭で述べたとおり、源頼朝は源氏長者ではなかったし、足利尊氏もまた源氏長者ではなかった。清和源氏が源氏長者となるのは足利義満が最初であり、将軍宣下と同時に源氏長者宣下を受けたのは徳川家康が最初である。そして、源氏長者の地位が完全に将軍職と一体化するのは、実に徳川家光以降のことなのである。

それではいよいよ最後に、征夷大将軍が源氏長者を兼ねることにはどのような意味があるのかという問題を考えつつ、「日本」とは何かという問題に迫っていくことにしたい。

第四章　征夷大将軍と源氏長者

1　征夷大将軍という地位は日本の統治者たり得たのか

Shogun は英訳できない

私の手許にある英和辞典をひくと、Shogun という単語が英語として載っており、「日本の武家時代の将軍」と和訳されている。そこで今度は和英辞典で「将軍」という日本語を調べると、general という英訳が載っており、再び英和辞典で general をひいてみると「陸軍将官、将軍、陸軍大将」という翻訳にたどりつく。これらのことから、「将軍」を英語に直訳すると「陸軍大将」という意味であるが、「日本の武家時代の将軍」については、単なる「陸軍大将」ではなかったことが明白なので、general とは英訳されず、Shogun という音が、そのまま英語になってしまったことが理解できる。

そもそも征夷大将軍とは、commander-in-chief against the Barbarians という英訳（パピノ日本史辞典）が示すとおり、「野蛮人を攻撃する軍隊の最高司令官」という意味であり、そして確かに古代の征夷大将軍は、まさにこの言葉通りの存在であった。しかし、中世・近世の将軍については、そのような軍事司令官以上の、日本の統治者とも言うべき地位であったことがよく知られている。それでは、本来「ジェネラル」にすぎなかったはずの「将軍」は、いかなる大義名分を以て事実上の「キング」の地位を手に入れていったのであろうか。

一般にこの問題は、文治五年（一一八九）の奥州藤原氏征討に際し、大庭《おおば》景能《かげよし》が頼朝に語ったとされる「軍中、将軍の令を聞く、天子の詔《みことのり》を聞かずと云々」ということばで説明されることが多い。すなわち、戦場において兵士たちは、将軍の命令のみを聞き、皇帝の詔勅には耳をかさないというのである。

「戦場の論理」をそのまま平時に持ち込んで、いわば常に国家を戒厳令《かいげんれい》下におくことにより、軍事司令官が政権を簒奪するという手法は、古今東西に珍しくない。たとえば今日でも海の向こうの軍事独裁国家では、その「最高指導者」は党の「委員長」などではなく「最高司令官」「将軍」と呼ばれている。そして中世のわが国でも、謀反人義経の逮捕・捜索を口実にした守護・地頭の設置や、蒙古襲来に対する国防のためと称した御家人所領の保護（永仁の徳政令）、兵糧米の徴収を口実にした半済の実施など、幕府が政権を手中に収めていく過程には、必ず「戦場の論理」＝「有事立法」の手口が用いられていた。

しかし、その最高権力者の地位が「将軍」にとどまる限り、いかなる「有事立法」を以てしても掌握できない国権がある。それが外交権である。たとえば文永五年（一二六八）、蒙古皇帝フビライ汗から届けられた国書は、まず朝廷に届けられなければならず、幕府は、蒙古襲来の防備という軍事的局面でしかこの外交交渉に関わることができなかった。フビライ汗が国書を送った「日本国王」とは、北条時宗でも、将軍惟康王でもなく、あくまでも亀山天皇その人だったのである。

なお寛平六年（八九四）の遣唐使廃止以降、大陸との外交を再開したのは、平清盛による日宋貿易であるかのように勘違いされることがあるが、清盛が宋との間で行ったのは、あくまでも一権門としての私貿易に過ぎず、国家を代表しての外交ではない。鎌倉幕府が元に送った建長寺船や、足利尊氏が元に送った天竜寺船もまた同様である。

それでは応永九年（一四〇二）、足利義満が明の建文帝から「日本国王」に封ぜられた時点で、征夷大将軍が「日本国王」となっていったのかというと、話しはそれほど単純ではない。なぜなら、この応永九年段階における征夷大将軍は、「日本国王」となった義満ではなく、息子の義持であったからである。しかもこの義持は、ことあるごとに父義満から疎外されていたことがよく知られており、もし義満がそのまま健在であったならば、「日本国王」の地位も義持ではなく、弟の義嗣に譲られていた可能性が高い（この点については後述する）。つまり、この応永九年段階においても、征夷大将軍は「日本国王」とは程遠い一軍事司令官に過ぎなかったと言える。

日本国王と源氏長者

しかしながら、この足利義満以降、足利将軍家・徳川将軍家が、国内的には「公方《くぼう》」あるいは「公儀」などと呼ばれ、国外的には「日本国王」であるとか「大君《たいくん》」などと呼ばれる王権を手に入れていったことも、よく知られた事実である。それでは単なる軍事司令官に過ぎなかった将軍家は、いかにしてそのような「王権」を手に入れていったのであろうか。

表⑥

	征夷大将軍宣下	源氏長者宣下	日本国王「封」
義満	応安　二年（一三六九）	永徳　三年（一三八三）	応永　九年（一四〇二）
義持	応永　元年（一三九四）	応永二十年（一四一三）	応永十五年（一四〇八）
義量	応永三十年（一四二三）		
義教	正長　二年（一四二九）	永享　四年（一四三二）	永享　五年（一四三三）
義勝	嘉吉　二年（一四四二）		
義政	文安　六年（一四四九）	享徳　二年（一四五三）	享徳　三年（一四五四）
義尚	文明　五年（一四七三）	文明十五年（一四八三）	
義稙	延徳　二年（一四九〇）	永正十六年（一五一九）	
義澄	明応　三年（一四九四）		
義晴	大永　元年（一五二一）		
義輝	天文十五年（一五四六）		
義栄	永禄十一年（一五六八）		
義昭	永禄十一年（一五六八）		

ここで私としては、義満以降、明国皇帝から「日本国王」に封ぜられたすべての足利将軍が、必ず「源氏長者」の地位に就いていることに注目したい（表⑥参照）。なお万事において父義満の方針に反発し、明との国交についてもこれを断絶せしめたことで知られる義持も、応永十五年、父義満が没した直後には、成《せい》祖《そ》永楽帝《えいらくてい》に父の訃報を告げ、その跡を継いで「日本国王」に封ぜられている。また足利義政の場合、嘉吉三年（一四四三）に足利家の家督を継いだ直後から、朝鮮に対して「日本国王」を自称していたことが知られているが、ここでは、明国皇帝から初めて「日本国王源義成（義政の初名）」と書かれた国書を受け取った享徳三年を以て、事実上の「封」を受けたものと考えておきたい。また義澄や義晴も、明や朝鮮に対して「日本国王」を自称していたことが知られるが、

明国皇帝から「日本国王」と記された国書を受け取っているわけではないので、ここでは割愛したい（田中健夫氏「足利将軍と日本国王号」）。

一方の源氏長者については、今日、最も権威ある日本史辞典とされる『国史大辞典』の「氏長者」の項に

源氏は久しく村上源氏の久我家がその職をうけていたが、足利義満のとき将軍の兼職となり、徳川氏もその例にならうだけとなった。

と記されている見解が、これまでの通説であったと言える。しかしながら、すでに第二章第一節で詳述したとおり（系図⑫・巻末源氏長者一覧参照）、義満以前の源氏長者には、堀川・久我・土御門・中院といった村上源氏諸家がほぼ交替でその地位に就いており、久我家のみが「久しくその職をうけていた」という事実はない。

また永徳三年（一三八三）に足利義満が源氏長者となって以降も、源氏長者の地位は決して単純に「将軍の兼職」となったわけではなく、右の表⑥に示したとおり、義満以降の足利将軍十三人の中で、源氏長者の宣旨を受けた者は六人にすぎず、源氏長者とならなかった者の方が多い。そして実に、その源氏長者となった六人のうち四人までが、明国皇帝から「日本国王」に封ぜられているのである。これを単なる偶然と片付けてしまうことはできまい。

もちろん、源氏長者こそが隠れた日本国王の地位であったなどと発言した場合、次のような反論が予想されよう、第一に、そもそも「日本国王」などという地位は、明との貿易を実現するための単な

る外交称号に過ぎず、「日本国王」に封ぜられていることと、日本の「王権」を掌握していることは別問題なのではないかという点。第二に、「源氏長者」などという地位は、「平安貴族社会のなごり」にすぎず、将軍がこの地位を兼ねるようになった中世・近世には、「名のみの名誉職」になっていたのではないかという点。第三に、もし「源氏長者」にそれほどの権威があったとするならば、義満以前に源氏長者であった（また義持以降にもたびたびその地位に就いた）久我家をはじめとする村上源氏の人々が、何らの「王権」も掌握し得なかったことをどう説明するのかという点。そして第四に、第一の論点とも関わるが、清国皇帝から「日本国王」に封ぜられなかった徳川将軍の場合はどう判断するのかという点。ざっとこんなところであろうか。

もちろん「日本国王」号が、南北朝時代の懐良《かねよし》親王の例を持ち出すまでもなく、あくまでも明との貿易を実現するための外交称号に過ぎなかったことなどは、今さら再論するまでもない。しかし、義満以降の室町将軍の中で、単なる外交称号とは言え、「日本国王」になれた将軍と、なれなかった将軍がおり、なれた四人はすべて源氏長者でもあったという事実は、決して見逃すべきではなかろう。「日本国王」に封ぜられたから「王権」を掌握できたと言っているのではない。日本の「王権」を掌握していた指標の一つとして、外交権＝「日本国王」号に注目してみたいというのである。

室町時代における源氏長者

第二の疑問については、平成十一年（一九九九）青山学院大学の大学院生であった竪月基氏が発表された次のような研究が参考になる。すなわち本書の第一章でも詳述したとおり、源氏長者の地位には、氏神の祭祀や氏寺・大学別曹の管理、氏爵の推挙などというさまざまな職権が付随していたわけだが、これらの職権は、室町時代においても決して「名のみの名誉職」になどなっていなかったというのである。

たとえば、中山定親《なかやまさだちか》という室町時代の公家の日記を見ると、

源氏爵の事、前内相府御出家の後、氏長者の事、いか様たるべきやの由、沙汰出来、而して故鹿《ろく》苑院《おんいん》太相国御出家の年、其の沙汰なし、

と記されており、足利義持の出家後、源氏爵をどのようにすべきかが問題となり、足利義満が出家した年には源氏爵が行われなかったという前例が報告されている。源氏爵といえば、源氏の六位の者の中から毎年一人、源氏長者の推薦する者を五位に叙するという制度であり、その人選権は、源氏の氏人たちの出世のカギを握る重要な権限であった。

もとより義満や義持が、主として武家源氏によって構成される守護大名たちに対し、この源氏爵を行使してその統制を行ったという実例はない。しかし、國學院大學の堀越祐一氏の研究によれば、天正十六年（一五八八）四月の聚楽第行幸以降、すべての武家は豊臣姓を以て官位に叙任されており、豊臣政権における官途推挙は、秀吉と秀次という二人の「豊臣氏長者」が、豊臣姓を称する擬制的な同氏族集団に対して行うという形式を取っていたことから、それは平安以来の「氏爵」に通ずるものがあると評価されている（『豊臣政権の権力構造』）。

実際、本来は菅原姓である前田利家などが、豊臣政権期に豊臣姓を使用していたことはよく知られ

ており、徳川家康すらその例外ではなかった可能性が高い（本書補論二参照）。豊臣氏長者による「豊臣氏爵」の推挙は、秀吉による大名統制の重要な要素であったと考えてほぼ間違いあるまい。「氏爵」は、決して「平安貴族社会のなごり」などではなかったのである。

また大学別曹の管理については、もちろん大学別曹としての奨学院が、教育機関としての実を失い、「名のみ」の存在となっていたことは間違いない。しかし、本来その教育機関の経営財源となるはずの「奨学院領」だけは、室町時代になっても存続し、久我清通が奨学院別当となっていた永享元年（一四二九）の時点でも、将軍足利義教によって知行されていたことが、先に述べた竪月氏の研究で明らかにされている。

さらに源氏の氏寺である薬師寺の管理については、嘉吉二年（一四四二）、室町幕府が薬師寺の別当補任や訴訟を取り扱った記録があり、当時の源氏長者は久我清通であったことから、この当時「源氏長者の薬師寺に対する権能は喪失していた」と評価する説もある（前掲竪月論文）。しかし私としてはこれを、右に述べたように奨学院領を知行していた足利家が、事実上の源氏長者として薬師寺の管理を行ったものと考えておきたい。

石清水放生会と室町幕府

ここで、源氏の氏神である八幡宮の祭祀についても触れておこう。一般に源氏と八幡宮との関係については、八幡太郎義家以来、清和源氏・武家源氏の氏神であったという認識が根強い。しかし実際には、八幡宮は第二の皇祖神《こうそしん》を祀る宗廟《そうびょう》として王氏の氏神となり、王氏を代表する源氏の氏神となっていったことを第一章で述べた。

　実際、鎌倉にある鶴岡八幡宮や、京都でも室町幕府の近くにあった六条左女牛《さめうし》八幡宮、また尊氏の挙兵と因縁の深い丹波の篠村《しのむら》八幡宮の祭祀については、早くから武家源氏によって行われていたが、本社である石清水《いわしみず》八幡宮の祭祀だけは、古くから公家源氏によって行われるのを常とした。特に石清水八幡宮で最も重要な祭礼とされる石清水放生会《ほうじようえ》の祭儀進行を指揮する「放生会上卿《しようけい》」には、多く大納言・中納言クラスの公家源氏が任命されてきたのである。

　そのような石清水放生会の上卿を初めて武家源氏がつとめたのは、武家源氏として初めて源氏長者となった足利義満であった。一般に、足利義満の石清水八幡宮に対する尊崇については、父祖以来の八幡信仰に加えて、彼の生母紀良子《きのよしこ》が、石清水八幡宮の別当善法寺通清の娘であったことによるものと理解されることが多い。それは確かにその通りであろう。しかし明徳四年（一三九三）、義満が石清水八幡宮放生会の上卿を勤めるに当たって、より公的な大義名分となったもの、それは十年前の永徳三年（一三八三）に宣下を受けた源氏長者の地位であった可能性が高い。

　武家故実研究の第一人者である國學院大學の二木謙一氏によれば、義満以降、義持・義教・義政の三人が石清水八幡宮放生会の上卿をつとめており、それぞれ、義持は応永十九年（一四一二）・二十四年・二十六年、義教は永享十年（一四三八）、義政は寛正六年（一四六五）にその役をつとめているとされている（『中世武家儀礼の研究』）。二木氏はこうした上卿参向の背景に、上杉禅秀《うえすぎぜんしゅう》の乱や応永の外寇《がいこう》、永享の乱などといった、当時の政情との関係を洞察しておられるが、私としてはこの内、応永十九年の義持を除くと、義持・義教・義政の三人が、いずれも源氏長者の地位に就いていることに注目したい。また応永十九年の場合も、応永二年に義満が出家した後、応永二十年に義持が宣下を受けるまで、源氏長者の地位は空位となっており、義持が事実上の源氏長者であったと言って過言ではない。つまり、義満・義持・義教・義政の四人は、いずれも源氏長者として石清水八幡宮放生会の上卿をつとめていたと考えられるのである。

以上のことから、室町時代における源氏長者という地位は、決して「平安貴族社会のなごり」などという一言で片付けられてしまうものではなかったことが明白である。

准三宮という地位

次いで第三の疑問、すなわち義満以前に源氏長者であった久我家などとの相違については、征夷大将軍と源氏長者を兼ねることの重要性を指摘することで説明できそうである。しかし先程も述べたとおり、永徳三年（一三八三）の足利義満は、その時、既に将軍職を退いていた。ここで私としては、永徳三年、足利義満が源氏長者になった半年後に、彼が「准三宮《じゆさんぐう》」の地位をも合わせて手に入れていることに注目したい。

准三宮は、准三后または准后とも称され、三后すなわち太皇太后《たいこうたいごう》（天皇の祖母）・皇太后（天皇の母）・皇后（天皇の配偶）に准ずる待遇を与えられた人を指す。その待遇を初めて受けたのは、人臣初の摂政として知られる藤原良房であり、以来、明治元年（一八六八）に宣下を受けた九条尚忠《ひさただ》にいたるまで、実に二百二十二人もの人々が准三宮の地位に就いてきた。その内訳について、かつて宮内庁におられた樫山和民氏は、これを次の五グループに分類されている（「准三后について」）。

A　摂関准后（三十八人）

B　皇族准后（六十二人）

表⑦

	准三宮宣下年月日	宣下時の地位
藤原良房	貞観13年（ 871） 4月10日	摂政・太政大臣
藤原基経	元慶６年（ 882） 2月1日	摂政・太政大臣
藤原忠平	天慶２年（ 939） 2月28日	摂政・太政大臣
藤原兼通	貞元２年（ 977） 11月4日	関白・太政大臣
藤原兼家	寛和２年（ 986） 8月25日	摂政・前右大臣
藤原道長	長和５年（1016） 6月10日	摂政・左大臣
藤原頼通	治暦３年（1067） 10月7日	関白・前太政大臣
藤原忠実	保延６年（1140） 6月5日	前関白・前太政大臣
平　清盛	**治承４年（1180） 6月10日**	**前太政大臣**
近衛家実	嘉禎４年（1238） 3月25日	前関白・前太政大臣
九条道家	嘉禎４年（1238） 4月24日	前摂政・前左大臣
北畠親房	**正平６年（1351） 11月**	**（南朝准大臣）**
二条良基	永和２年（1376） 1月1日	前関白・前左大臣
足利義満	**永徳３年（1383） 6月26日**	**征夷大将軍・左大臣**
一条経嗣	応永22年（1415） 11月28日	関白・前左大臣
一条兼良	享徳２年（1453） 6月26日	前関白・前太政大臣
足利義政	**寛正５年（1464） 11月28日**	**征夷大将軍・左大臣**
二条持通	長享３年（1489） 4月5日	前関白・前太政大臣
足利義視	**延徳２年（1490） 7月5日**	**前権大納言**
九条政基	延徳３年（1491） 11月28日	前関白・前左大臣
近衛政家	明応６年（1497） 1月16日	前関白・前太政大臣
近衛尚通	永正16年（1519） 10月10日	前関白・前太政大臣
二条尹房	天文２年（1533） 2月5日	前関白・前左大臣
近衛稙家	天文４年（1535） 12月4日	前関白・左大臣
鷹司兼輔	天文11年（1542） 1月7日	前関白・前左大臣
一条房通	天文20年（1551） 9月3日	前関白・前左大臣
二条晴良	永禄９年（1566） 12月24日	前関白・前左大臣
近衛前久	天正６年（1578） 1月20日	前関白・前左大臣
足利義昭	**天正16年（1588） 1月13日**	**前征夷大将軍**

C　後宮准后（五十一人）
D　僧徒准后（五十七人、うち皇族十六人、非皇族四十一人）
E　その他の准后（十四人、うち男性六人、女性八人）

この内、天皇の女御・典侍などの後宮にある女性たち（Cの五十一人）や、内親王を中心とした女性皇族たち（Bの六十二人）が准后の待遇を受けたことは、皇后に准ずるというその位置づけから言って当然のことと言える。また室町時代を中心に、多数の僧徒准后（Dの五十七人）が生み出された背景には、御修法《みしほ》勤行《ごんぎょう》の功に対する恩賞という位置づけのあったことが、樫山氏の研究に触れられている。

そこで、二百二十二人の全准后の中から、こうした政治的色彩の薄い女性准后（皇族准后）と僧徒准后を除くと、残りはわずか四十四人となる。このうち、中世末までの二十九人を一覧表にすると表⑦のようになり、そのほとんどは摂政・関白であり、かつ藤原氏長者であったということがわかってくる。表⑦ではそれ以外の准后を太字ゴシック体で表記した。

思うに足利義満は、源氏長者としてこの准三宮の宣下を受けることにより、源氏長者の地位を、藤原氏長者に匹敵する高さにまで引き上げようとしていたのではないか。但し表⑦からも明らかなとおり、義満以降の足利将軍で源氏長者と准三宮を兼ねることのできた者は、八代将軍の義政一人だけであり、その目論見は実際には実現しなかったということになるのだが。

なお表⑦を見ると、足利義満以前に、摂関家以外で准三宮宣下を受けた者は、平安末期の平清盛と、南北朝時代の北畠親房の二人だけであったことが知られる。そう言えば平清盛も、応永元年（一三九四）の義満と同様、仁安二年（一一六七）には太政大臣に任ぜられており、将軍にならなかった平氏政権の場合、この仁安二年を以て「平氏政権の成立」とする場合が多い。しかし、言うまでもなく平安末期において、太政大臣という地位は必ずしも「政権」を意味するものではなく、清盛の前任（藤原伊通）や後任（藤原忠雅）の太政大臣も、決して「政権」など掌握していない。にもかかわらず清盛が、武家として初めて太政大臣となり、次いで准三后の宣下を受けたことには大きな意味があった。足利義満が永徳三年（一三八三）に源氏長者となり、次いで准三后の宣下を受けたことは、それと同様の意味のある事であったに違いない。

本来、公家社会から卑賤視されていた武家が（本書第二章参照）、太政大臣や准三后・源氏長者といった高い地位に就いたことに意味があったからである。しかもこれは、武家政権の側がそれを望んだというより、その多くは、朝廷が武家政権の実力を取り込むための措置であった。「源氏長者」論は、第一義的には公武関係論の中で議論されるべき課題であろう。

「義満の王権」の後継者

もちろん、永徳三年（一三八三）の足利義満は、平清盛や北畠親房と違い、前将軍にして現将軍の父だったではないか、義満政権を説明するにはそれで充分なのではないかという意見もあろう。しかし、永徳三年の義満政権を、単なる将軍家の「院政」のようなものと考えてしまうことは正しくない。なぜなら、応永十五年（一四〇八）に足利義満が急死した際、政界では彼が「御跡継」を指名していなかったということが問題となっているからである。

後世の常識から言うと、これより十四年も前に将軍職を継承している義持が、義満の「御跡継」であることに一点の疑いもなさそうに見える。しかし当時の人々は、義満の寵愛が深く、親王に准じる扱いを受けていた義嗣こそ、義満の「御跡継」になるのではないかと噂《うわさ》していたという（『椿葉記』）。それでは当時の人々は、義嗣が次の征夷大将軍になると思っていたのだろうか。恐らくそうではあるまい。義嗣が義満から「相続」すると思われていたもの、それは義満が築き上げた公武にわたる王権＝「公方」の地位であり、そしてそれは、征夷大将軍の相続とは別次元のものであった。

結局、この時「公方」の地位は、管領斯波義将《かんれいしばよしまさ》のはからいによって将軍義持が相続し、ここに初めて「征夷大将軍」が「日本国王」の地位に就くこととなった。ところが義持は、その三年後の応永十八年、明との国交を断絶し、「日本国王」の称号を使用しなくなってしまう。しかし、だからといって義持は、決して単なる「征夷大将軍」に戻ってしまったわけではない。その二年後の応永二十年、彼は源氏長者の宣下を受けて、国内的にはきちんと父の「王権」を継承している。また彼は、応永三十年に将軍職を嫡男の義量《よしかず》に譲った後も、源氏長者の地位にとどまって父義満と同様の「室町殿」＝「公方」であり続けた。さらにその二年後の応永三十二年、将軍義量が父に先立ち没した後も、彼は後継の将軍を立てることなく、将軍職空位のままで三年近くも政務を見た。この間、当然のことながら彼は現将軍の父ではなく、その立場を公的に表現するならば、それは「源氏長者」以外の何者でもなかったことになる。

このように、前将軍が「源氏長者」の地位にとどまって政権を掌握し続けるというパターンは、文明五年（一四七三）、将軍職を嫡男の義尚に譲った後の足利義政政権にも確認することができるが、ここで私としては、江戸開幕直後の慶長十年（一六〇五）、嫡男秀忠に将軍職を譲った後の徳川家康の立場に注目したい。

源氏長者になりそこねた徳川秀忠

よく知られているとおり、慶長八年、征夷大将軍・淳和奨学両院別当・源氏長者の地位に就いた家康は、その二年後、征夷大将軍の職を嫡男の秀忠に譲ってしまう。ところがこの時、家康は源氏長者と奨学院別当の地位を手元に留保していた（『慶長日件録』）。

一般に、この慶長十年から元和二年（一六一六）、家康が没するまでの江戸幕府は、江戸（秀忠）と駿府（家康）の「二元政治」であったと説明されることが多い。しかしこの間、家康が源氏長者の地位を留保していたことを考え合わせるならば、その「二元政治」の実態とは、単なる将軍とその父との「二元政治」ではなく、「軍事司令官」としての「征夷大将軍」秀忠と、「源氏長者」家康との二元政治であったと言い換えることが許されよう。

ところで、江戸幕府の正史とも言うべき『徳川実紀』を見ると、慶長十年、秀忠は征夷大将軍の宣旨とともに、淳和奨学両院別当・源氏長者の宣旨を受けたかのように記されている。このことについては、それから四十年ほど経った正保二年（一六四五）、時の将軍家光が、祖父家康と父秀忠の叙位任官文書を紛失したとして、その再発行を朝廷に要請していることが関係しているらしい。どうやら、秀忠に対する奨学院別当・源氏長者の宣旨は、この時、「再発行」と称して仮作され、『徳川実紀』はこれを事実として記録したようである。言うなれば秀忠は、その没後である正保二年になって、生前の慶長十年までさかのぼって、源氏長者と奨学院別当の地位を追賜されたとでも言えようか。

なお秀忠は、足利義満の没後に源氏長者となった義持の場合とは異なり、元和二年に父家康が没した後も、最期まで源氏長者とはならなかった。家康の次に源氏長者となったのは、七年の空白期間を経て、元和九年、将軍宣下と同時にその地位に就いた徳川家光だったのである。そしてこれ以降、源氏長者の地位は完全に征夷大将軍の地位と一体化する。たとえば、九代将軍家重の治世や十二代将軍家慶の治世、それぞれの父吉宗・家斉が健在であり、特に家斉はいわゆる「大御所政治」を行ったことがよく知られているが、この時の源氏長者は、家光の時と同じく、将軍である家重であり家慶であった。秀忠は、「源氏長者になりそこねた」唯一の徳川将軍と言える。

ちなみに、徳川家光が将軍宣下と同時に受けたのは、源氏長者の宣旨のみであり、淳和奨学両院別当の宣旨は出されなかったらしい（『孝亮宿禰《たかすけすくね》日次記《ひなみき》』）。そもそも鎌倉中期の正応元年（一二八八）、久我通基が源氏長者宣旨を受けて以来、源氏長者の宣旨は、必ず奨学院別当の宣旨とセットにして出されてきた。また、北畠親房の『職原抄』に「奨学院別当たるの人、すなわち長者と為る」と記されているとおり、奨学院別当の地位を以て源氏長者の地位と見なしてきた時代も長い。したがって、奨学院別当の地位と無関係に、源氏長者の宣旨だけが出されるということは、源氏長者の歴史の上ではとても大きな変化であった。

このような措置が、どのような経緯でなされたのかは判然としないが、一つには淳和・奨学両院別当といった地位が、いかに形骸化していたかを示すものと考えられよう。なおこの家光に対する「両院別当」の宣旨は、正保《しょうほう》二年、先に述べた秀忠に対する源氏長者宣旨とともに、「再発行」と称して元和九年にさかのぼって作成されたらしい。とすると、『徳川実紀』が元和九年、家光に両院別当の宣旨が下されたかのように記しているのは、秀忠に対する源氏長者宣下と同じく、そのことを後になってから事実として記録したからに他なるまい。

徳川将軍の外交称号

ところで秀忠は、父家康と同じく、嫡男家光に将軍職を譲った後も、しばらくの間「大御所」として権力を掌握していた。しかるにこの間の秀忠は、「大御所」時代の家康とは違って「源氏長者」ではなかった。とすると、この間、秀忠はあくまでも「将軍の父」として権力を掌握していたに過ぎず、父家康と同様の「日本国王」ではなかったということになりそうである。そのことについては元和九年、家光が将軍に就任した直後に、秀忠が「天下」を「将軍様（家光）」に譲ったと報じられていることからも伺い知ることができるが（「忠利日記」）、ここでは特に、先に掲げた第四の疑問とも合わせて、徳川将軍が外交文書に用いた称号から、その問題について考えてみたい。

徳川将軍が、足利将軍と異なり、中華皇帝から「日本国王」に封ぜられなかったことはよく知られている。しかし、江戸時代において、徳川将軍こそが事実上の日本の君主であったこともまた周知の通りである。そんな徳川将軍が、外交文書に用いた称号として注目すべきものに、「日本国源某」と

表⑧

	家康の外交称号	秀忠の外交称号	家光の外交称号
1599	日本国源家康		
1601	日本国源家康		
1602	日本国源家康		
1603	日本国源家康	日本国大納言源秀忠	
1604	日本国大将軍源家康		
1605	日本国従一位源家康		
1605	日本国源家康		
1606	日本国源家康		
1607		日本国征夷大将軍源秀忠	
1607		日本国源秀忠	
1608	日本国源家康	日本国征夷大将軍秀忠	
1609	日本国源家康		
1609	日本国主源家康		
1610	日本国源家康	日本国征夷大将軍秀忠	
1611	日本国源家康		
1612	日本国源家康	日本国征夷大将軍秀忠	
1613	日本国源家康		
1617	日本国源家康		
1621		日本国源秀忠	
1623		日本国源秀忠	
1624			日本国源家光
1625			日本国源家光
1629			日本国源家光
1636			日本国源家光

いう自称がある。

この「日本国源某」という称号は、国名・姓・実名が連記されているだけで、日本国の元首であることをどこにも主張していないという奇妙な外交称号であるが、きわめて長期間にわたって事実上の「日本国王」を示す称号として用いられた。この称号が用いられるようになったのは、応永十八年（一四一一）、明との国交を断絶した足利義持が、その同じ年、朝鮮に対して発した国書に、「日本国源義持」と自称したのが最初である。つまりこの称号は、冊封《さくほう》関係の解消によって「日本国王」号が使用できなくなったとき、「日本国王」号の代用として使用され始めたことが明白なのである。したがって、中華皇帝から「日本国王」に封ぜられなかった徳川将軍にとって、この「日本国源某」という自称こそが、事実上の「日本国王」号を示すものであったと考えてよかろう。

そこで、慶長三年（一五九八）に豊臣秀吉が没してから、寛永十六年（一六三九）にいわゆる鎖国が成立するまでの間、家康・秀忠・家光が外交文書にどのような自称を用いていたのかを、高橋公明氏の研究にしたがって分類すると前頁の表⑧のようになる（高橋「外交称号、日本国源某」）。すなわちこの表によれば、家康は征夷大将軍になった直後の一時期を除いて、将軍になる前も、それを秀忠に譲った後も、「日本国源家康」という称号を使い続けていたことが理解できる。それに対して秀忠は、征夷大将軍となった直後と、家康の没後しか「日本国源秀忠」という称号を用いていない。先にも述べたように、家康と秀忠の「二元政治」は、駿府の「源氏長者」家康と、江戸の「征夷大将軍」秀忠の二元政治であり、前者が日本の外交権を掌握していたことが、この外交称号からも確認できよう。

そして元和九年（一六二三）、家光に将軍職を譲った秀忠は、その直後の一回のみを除いて、外交交渉の表舞台そのものから姿を消してしまう。このことからも、「大御所」時代の秀忠が、父家康のような形で日本の外交権を掌握していなかったことは明白である。

もとよりこの当時の家康は、「源氏長者」として日本の外交権を掌握していたのではなく、子の将軍秀忠をも掣肘し得るその実力で、これを掌握していたに過ぎないのではないかという反論もあろう。まさにその通りであるが、そのような「実力」を敢えて公的地位として表現するならば、それは決して「前征夷大将軍」などではなく、「源氏長者」ということになると私は思う。私は決して、源氏長者だから日本の外交権＝王権を掌握できたと主張しているのではない。日本の外交権＝王権を掌握できるほどの「実力」を有していたことを示す指標の一つとして、「源氏長者」という地位に注目してみたいと言っているのである。

「攘夷」をしない「征夷」大将軍

それはともかく、征夷大将軍という地位が、決してそれのみで日本の王権たり得るものでなかったことは明白であろう。征夷大将軍（正確に言うと将軍家の家長）は、源氏長者の地位を兼ねるほどの実力を有した時、初めて日本の王権たり得たのである。ここで注目されるのは、元和元年（一六一五）、徳川家康が紫宸殿《ししんでん》に掲示するために定めたとされる「公武法制応勅十八箇条」という史料に見える次のような文言である。

淳和・奨学両院別当職、関東将軍へ任ぜられ候上は、三親王・摂家を始め、公家並びに諸侯と雖

ども、悉く支配いたし候、

すなわち、徳川将軍家が親王・摂関家をはじめとする諸公家衆や諸侯を支配し得る正統性が、淳和奨学両院別当という地位に求められているのである。

なお、この「公武法制応勅十八箇条」という史料は、元和元年制定とは明らかに矛盾する記事が見受けられ、また江戸幕府の法令としても異様なもので、信用しがたいことなどから、朝廷に対する幕府の優越的地位を示すため、後世に仮作されたものと考えられている。しかし、いかに「後世の作」とは言っても、江戸時代の作であることは疑いなく、江戸幕府が、朝廷に対していかなる認識を有していたかをうかがい知ることはできよう。

そしてその認識によれば、征夷大将軍は両院別当、すなわち源氏長者の地位を兼ねることで、初めて公家政権をその支配下に置くことができた。それは逆に言うと、源氏長者を兼ねない征夷大将軍は、単なる一軍事司令官に過ぎないことを、幕府自身がはしなくも口走っていたということになる。

このように、征夷大将軍という職の本質が、あくまでも「夷狄を征伐する軍事司令官」に過ぎないという認識は、「徳川三百年」の平和を経て、なおどこかに生き残っていたらしい。嘉永六年（一八五三）、浦賀沖に黒船が現れて以降の攘夷運動が、結果として討幕運動へと結びついていった背景には、そのような「征夷大将軍」観が関係していると私は思う。

そもそも攘夷思想とは、単純に討幕思想に結びつくようなものではなかった。いや攘夷とは、むしろ佐幕思想にこそ結びつくべきものであった。考えても見れば幕府の、すなわち征夷大将軍の本業は

「征夷」=「攘夷」ではないか。今、その「征夷」の時が来たのである。「夷狄」が、Barbariansが迫ってきたのである。蒙古襲来の時の鎌倉幕府を想起せよ。征夷大将軍とは「攘夷」のために設置された「軍事司令官」ではなかったのか。

烈公《れっこう》水戸《みと》斉昭《なりあき》を中心とする「佐幕攘夷」派の思想とは、おおよそ右のようなものであった。そしてまさにそれこそが、「征夷大将軍」なるものの本質的な存在意義であったと言える。しかしこの当時、「征夷大将軍」の実態は、とうの昔に「軍事司令官」であることを忘れた「国王」でしかなかった。「攘夷」ができない「征夷大将軍」などというものは、泥棒を捕まえられない警察官、火事を消せない消防士のようなものだ。私たちは、火事を消そうという思いが強ければ強いほど、まずは消防士の目を覚まそうとし、それが無理だとわかれば、無能な消防士を現場から追い出そうとするだろう。いわゆる幕末の志士たちが、「佐幕攘夷」から「尊王攘夷」、そして「尊王討幕」へと傾斜していった背景には、そのような心理が働いていたに違いない。

こうして慶応三年(一八六七)十月十四日、徳川慶喜《よしのぶ》は朝廷に大政を返上するに至る。しかしここで注目されることは、この十日後の同月二十四日、慶喜が改めて将軍職を辞退していることである。つまり、大政奉還と将軍辞退は、それぞれ別途に奏上され、別途に勅許されたことがらであった。とするならば、ここで将軍職と別に返上された「大政」なるものの本質こそ、足利義満以来、武家政権に伝えられてきた日本の王権であったと考えるのが妥当であろう。

以上、征夷大将軍は源氏長者を兼ねることで、初めて日本の王権を掌握し得たという仮説を述べてきた。実は、一見突拍子もなく見えるこの仮説は、ある「物的証拠」によって傍証することができる。それでは以下、そのことについて、節を改めて述べていくことにしたい。

2　源氏の印章「宇宙」印

ハンコ社会日本

日本は「ハンコ社会」であるとよく言われる。欧米ならばサインで済ませられるところに、必ずと言っていいほど捺印を要求される。私がまだ学生だった頃、あるアルバイト先に印鑑を持っていくのを忘れ、「三文判でいいから印を捺《お》してくれ」と頼まれて、近くの文房具屋で「岡野」の印を買いながら、

なんでこんなに安く誰でも簡単に入手できるようなものが、ぼく自身のサインより信用されるんだろう。

と不思議に思ったことがある。

わが国が、どのような経緯をたどってこのような「ハンコ社会」になったのかを、一言で説明することは難しい。ただここで注目されることは、わが国における印章の歴史が、「太政官印《だいじょうかん》」や「大宰府印《だざいふ》」などといった律令官庁＝お役所の「公印」として使われ始めたということである。つまり印章とは、本来「個人」ではなく、「組織」を表すものであった。

しかるに十世紀以後、いわゆる律令制の弛緩とともに、そうした「公印」はほとんど使用されなくなっていく。そんな中世日本において、かろうじて使用され続けた印章として、宋から伝わった禅僧の「個人印」と、恵美押勝《えみおしかつ》の「恵美家印」以来の伝統を持つ「家印」がある。一般に現代の印章は、この内の前者、すなわち宋代禅林の印章の系譜に属するとされることが多い。しかし私としては、戦国大名の印判に、各大名の「家印」という性格が色濃く見受けられることなどから、近世以降の印判は、禅林の印章と、中世の家印の、両方の系譜を引くものと考えている。

そもそも私は本書のあちこちで、「家」というものの本質を、特定の家業と、それを経営するための家産を伝える「社会組織」に他ならないと述べてきた。そう考えてみると、幕藩体制下の「家」は、まさに律令体制下の官庁組織そのものであったということに気付かされよう。言ってみれば、将軍家はかつての太政官、大名家はかつての国衙《こくが》の業務を、それぞれの「家業」として請け負っていたとでも言うことができようか。

わが国において印章は、古代律令体制下の官庁と、近世幕藩体制下の「家」において最も多く使用された。とするとわが国におけるハンコの本質は、前近代を通じて「個人」よりも「組織」を表すものであったということになりそうである。

そういえば今日でも、ほとんどの印鑑は家名（上の名前）だけで、個人名（下の名前）の入った印鑑にはほとんどお目にかかることがない。現在、表向き「個人」を単位とすることとなっている民主主義社会の日本で、相変わらずそんなハンコが信用され続けているということ、それは「個人」よりも、「家」という「組織」を信用してきたわが国の歴史のなごりに他ならない。

「宇宙」印と「安摩面」の矢羽

そういう意味で、中世の「家印」というものは、わが国における印章の歴史について考える上でも、特に見逃すことのできない位置を占めているということができる。本節のテーマである久我家の「宇宙」印は、そんな中世の「家印」を代表する印章であった。

この「宇宙」印は、暦応《りやくおう》二年（一三三九）から永正《えいしょう》十一年（一五一四）までの百八十年間、主として売買契約証文などに捺されてきた印章であり、今日この印の捺された古文書は、国立国会図書館・国立歴史民俗博物館・京都府立総合資料館・東京大学・早稲田大学・國學院大學などに十四点の所在が確認されている（岡野友彦『中世久我家と久我家領荘園』）。

なお、中世を代表する「家印」の一つである「宇宙」印が、このような契約証文ばかりに捺されているということ。そのことは、中世において「捺印」と「契約」がきわめて深い関係にあったということを私たちに示唆してくれる。そしてさらにそのことは、たとえば神仏に「契約」すべきこと誓う「起請文《きしようもん》」が、なぜ「牛王宝印《ごおうほういん》」という印（版木）の捺された紙の裏に記されたのかという問題、また現代においても、捺印された文書には、何かしら違反しがたい威厳が備わるのはなぜかといった問題など、多くの考えるべき課題をも私たちに与えてくれそうであるが、それらの問題についてはまた別の機会に譲り、ここでは、この「宇宙」という印章が、なぜ永正十一年以降、文書上に捺されなくなってしまったのかということを問題としたい。

単純に考えれば、永正十一年以降の比較的早い時期に、火災や盗難などによってこの印鑑を紛失してしまったため、使用されなくなったと考えるのが順当なところであろう。ところが江戸後期、橋本経亮という京都梅宮社の神主が書いた、「橘窓自語《きつそうじご》」という随筆を見ると、

久我殿に伝へたる宇宙といふ御印は、応神天皇の御物、按摩《あま》面の矢の羽八枚鷲羽也。神功皇后の御物のよし、村上天皇より具平親王へつたへ給ひ、夫《それ》より久我家代々つたへ給ふ。

と記されている。

つまり「宇宙」印は、決して戦国時代に紛失してなどなかった。そして少なくとも江戸時代以降、それは「按摩面」の矢羽なるものとともに、久我家に伝えられていたのである。

この「按摩面」の矢羽とは、『広辞苑』などで「あまのおもて」の項をひくとすぐに見つけることのできる「安摩面」の矢羽のことであろう。すなわちそれは、舞楽の安摩の舞に用いる仮面に似た、上に黒い山形、下に黒い鱗形の斑のある鷲の羽のことである。ところで、この久我家に伝えられた「安摩面」の矢羽は、前掲「橘窓自語」の続きに、

安摩面の矢羽は、室町将軍家拝賀の時は、いつもかり給ひて用ひ給ふよし、当徳川将軍家にも、大坂御陣の時、伏見より久我殿へ申させ給ひ、かり給ひて御理運ありしとぞ。

とあることから、度々、室町将軍家や徳川将軍家に借用されていたことが知られる。なお大坂夏の陣に際して、家康が「安摩面矢之羽」を久我家から借り受けたという記事は、明治大学刑事博物館所蔵の『新古諸書物類留』という古文書にも記されている。

このように、「宇宙」印とともに伝えられた「安摩面」の矢羽が、度々将軍家に伝えられていたとするならば、「宇宙」印もまた、室町将軍家や徳川将軍家の手に渡っていた可能性がありそうである。

八幡宮祭神の宝物

ところで、前掲「橘窓自語」によれば、「宇宙」印は応神天皇の御物、「安摩面」の矢羽は神功皇后の御物とされている。この応神天皇・神功皇后は、言うまでもなく八幡宮の祭神に当る。五九頁の写真③に掲げた国宝の「八幡三神像」も、その中心の僧形八幡像が応神天皇、向かって左の女神が神功皇后、右の女神が応神天皇の皇后仲津姫の像とされている。

なお一般に八幡宮は、武門の神として武家源氏の氏神となったように言われているが、本書の中でも再三述べてきたとおり、八幡宮は本来、公家源氏を中心とした源氏全体の氏神であった。公家源氏の嫡流ともいうべき久我家に伝えられた宝物が、応神天皇・神功皇后という八幡神の御物とされているのもそのことと関係があろう。

とすると、源氏長者の地位とともに、八幡信仰の中心が公家源氏から武家源氏へと移っていくに従い、それまで久我家に伝えられていた八幡神の宝物が、足利家や徳川家に伝えられるようになっていったとしても不思議ではない。例えば本阿弥光悦《ほんあみこうえつ》の一族が書き残した「本阿弥行状記」には、次のような逸話が残されている。

かつて江戸城中にある紅葉山《もみじやま》東照宮《とうしょうぐう》には御神体にすべきものがなかった。そこで幕府は久我家に先祖から伝わる神功皇后の御鏡を拝見したいと懇望し、これを借り受けたまま奪い取って返さなかった。すると紅葉山が鳴動し、甚だしい地震が起きたため、神功皇后の御憤《いきどお》りに違いないと戦慄《せんりつ》し、早速久我家に返したところ、その後は霊異も収まったというのである。この逸話全体の真偽はともかく、徳川家が久我家から神功皇后の宝器を借り受けようとしていたことは、恐らく事実であろう。

ここで注目されることは、先にも述べたように、久我家に伝えられた「宇宙」印と「按摩面」の矢羽という二つの宝器もまた、「室町将軍家拝賀の時」であるとか、「徳川将軍家にも、大坂御陣の時」などに、久我家から各将軍家に借り出されていたということである。とすると、ことによると「本阿弥行状記」に不確かな伝聞情報として記された「神功皇后の御鏡」なるものもまた、実はこの二つの宝器（印と矢羽）のことだったのかも知れない。

いずれにせよ、源氏長者の歴史を考える上で、この二つの宝器が、見逃すことのできない位置を占めていたことだけは確実である。そこで私は、源氏長者の研究を進めるにつれて、これらの宝器の重要性を気付くに至り、これらの宝器が、現在もどこかに伝存しているのではないかと思い、八方手を尽くしてその所在を探してきた。するとはたして、八幡宮祭神の宝器にふさわしく、諸国八幡宮の本社とも言うべき石清水八幡宮から、「この印は確かに当宮に現存しております」というお返事を頂戴した。

発見！「宇宙」印・「安摩面」の矢羽

そのお手紙によれば、同宮研究所の研究員が、同宮の西北にある校倉内を調査中、奥の棚の上からこれらの宝器の納められた唐櫃型の木箱を偶然見つけたとのことである。そしてその唐櫃型の木箱の中には、錦の巾着袋《きんちやくぶくろ》一つと、三巴紋《みつともえもん》の描かれた黒漆塗《くろうるしぬり》の文箱一つが入っており、巾着袋の中には「宇宙」と陽刻された印鑑が、黒漆塗文箱の中には「安摩面八枚」と記された包紙が入っていたという。

そこでこの「安摩面八枚」と記された包紙を開けてみると「慶応四年二月朔日・前内大臣源建通《たけみち》識」と記された包紙があり、その中には再び「安摩面八枚」と書かれた包紙が、さらにその中には「至徳元年八月、右大将」と記された包紙があり、その中から「嘉禎四年三月廿三日」と記された包紙の収められた錦の袋が出てきた。その最後の包み紙は、一見すると古文書を収納する封紙のように見えたが、これを開いていくと包紙は八等分に折られており、その一折り一折りに矢羽が収められ、それぞれの上に薄紙が懸けられるという構造の矢羽収納用の包紙であることがわかってきた。しかるに、その内四枚の矢羽が収められるべき箇所は空になっており、現存する矢羽は四枚だけであったという。

その後、同宮からは「発見」の事実そのものについてはご紹介いただいてかまわないが、詳細については、まだ京都府や文化庁から正式な調査を受ける前でもあるので、ご遠慮いただきたい旨の意向が伝えられた。そこで、右に記したような五重の包紙の表書きについては、同宮の発表を信用するより他ないが、これを信用するならば、これらの表書きは、以下に述べるとおり、「安摩面」の矢羽と源氏長者の地位との関係の深さを十二分に物語ってくれるものと考えられる。

最後の源氏長者＝久我建通

まず「慶応四年二月朔日」とは、徳川慶喜が大政を奉還した翌年に当たり、その下に記された「前内大臣源建通」とは、幕末の久我家当主建通その人に他ならない。この久我建通という人物は、明治十五年（一八八二）、國學院大學の前身である皇典講究所の初代副総裁をつとめたため、『國學院草創期の人びと』という本の中で、同大学名誉教授であった藤井貞文氏が、その生涯を紹介されている。その中で藤井氏は久我家に伝わる「天羽矢」（安摩矢羽のことであろう）について言及され、この矢羽は「神功皇后が三韓征伐に用い」たとされる神器であり、師房が臣籍に降下した時に「源氏長者の宝器」として下賜され、「源氏の氏長者が征夷大将軍になると言ふので、歴代徳川家の主が之を奉祀して慶喜に及」び、「政権の奉還の時に上表と位記・口宣と一緒に返還した」とされている。先の包紙の表書は、その「返還」の事実を傍証するとともに、それが徳川慶喜から久我建通に「返還」されたことを物語っている。

次に「至徳元年八月」とは、足利義満が武家として初めて源氏長者の地位に就いた永徳三年（一三八三）の翌年に当たり、その下に記された「右大将」とは、その直前まで源氏長者の地位にあった久我具通と考えられる。とするとこの包紙は、永徳三年まで源氏長者の地位にあった久我具通が、翌至徳元年、新たに源氏長者となった足利義満に「安摩面」の矢羽を差し出した際の包紙と考えられよう。

残念ながら最後の「嘉禎四年三月廿三日」という年記については、これにいかなる意味があるのか、明らかにすることができなかったが、この前年の嘉禎三年（一二三七）、承久の乱以来十六年間空位であった奨学院別当の地位に、唐橋雅親が就いていることが、何か関係しているのかも知れない（巻末源氏長者一覧参照）。

いずれにせよ、源氏長者の地位が初めて武家政権にわたった年と、武家政権から戻った年の、それぞれ翌年の年記が、矢羽の包紙に記されているという事実の持つ意味は重い。もちろん、永徳三年に足利義満が源氏長者となった後も、久我家の家印として用いられていた「宇宙」印を、その当時から源氏長者の宝器であったとすることはできない。また先にも掲げた通り、「橘窓自語」に「久我殿に伝へたる宇宙といふ御印は」云々とあることから、江戸時代においても「宇宙」印が久我家に伝えられていたことは明白である。もしかすると、もともと久我家の家印であった「宇宙」印は、あくまでも久我家に伝えられ、源氏長者である足利・徳川にその都度「借り出され」ていたのかも知れない。

ちなみに明治三十四年、京都寺町で小杉榲邨《こすぎすぎむら》という古典学の学者が行った演説によると、榲邨が久我建通自身から聞いた話として、久我家が東京府に移転する時、石清水八幡宮に「宇宙」印を納めた旨が語られている（『田中穣氏旧蔵典籍古文書目録』）。「宇宙」印は、確かに久我建通の手から、石清水八幡宮に納められていた。

また、先にも述べた藤井氏の論文によれば、この建通の嫡男で、戊辰戦争に際して軍務官副知事となり、東北遊撃軍将として北越に出陣した久我通久は、「文字通り源氏長者として征夷大将軍」となっており、その際、「安摩面」の矢羽は、「錦直垂の軍装に錦の袋に入れて首にかけ、威儀を正して各地に戦い、東京に凱旋した由緒の宝器」として使われたとされている。しかし、久我建通ないし通久を、源氏長者に任命したという公式文書は伝わらず、いわば慣習上の源氏長者の地位が、徳川家から久我家に「返還」されたというのが真相に近い。

しかも久我建通・通久父子が、そうした慣習上の源氏長者の地位を十分に味わうまもなく、明治四年、維新政府は公文書に姓を用いることを禁じ(序章参照)、ここに「氏」の歴史はその幕を閉じた。よってここでは、明治六年に家督を通久に相続するまで、久我家当主の地位にあった建通を、「最後の源氏長者」としておくことにしたい。

終章　王氏日本と源氏日本

「日本」とは何か

網野善彦氏晩年の積極的な発言（『「日本」とは何か』など）により、「日本」の国号と「天皇」の称号とが、切り離しがたい関係にあったことが、多くの人々に知られつつある。すなわち、「日本」の国号と「天皇」の称号は、七世紀末、ほぼ同じ時に公式に定まり、今日に至るまで密接な関係を持ってともに続いてきたというのである。

そもそも東アジアでは、王朝の交替とともに国号を変更するのを常としてきた。たとえば鴻門《こうもん》の会で有名な劉邦《りゅうほう》にはじまる劉氏の王朝を「漢」といい、三国志で有名な曹操《そうそう》を始祖とする曹氏の王朝を「魏《ぎ》」という。以下、司馬氏の王朝を「晋」、楊氏のそれを「隋」、李氏の「唐」、趙氏の「宋」、朱氏の「明」、そして愛新覚羅《あいしんかくら》氏の「清」に至るまで、東アジアに興亡した歴代の国号は、すべて皇帝・国王の姓とともに改まってきた。李成桂《りせいけい》にはじまる李氏の「朝鮮」、尚巴志《しょうはし》にはじまる尚氏の「琉球」もまた同様である。

さらに、三国志で有名な劉備《りゅうび》にはじまる「蜀《しょく》」が、その正式名称を「漢」といったように、劉氏を皇帝とする王朝は、劉邦にはじまる前漢や、劉秀《りゅうしゅう》にはじまる後漢はもちろん、三国時代の蜀漢《しょっかん》

（劉備）・南北朝時代の成漢（劉淵）・五代十国の後漢（劉知遠）に至るまで、すべて「漢」と称した。皇帝・国王の氏姓と国号は、東アジアにおいて密接不可分なものだったのである。

そうすると、七世紀末に定められた「日本」という国号が、今日に至るまで一度も改められなかったということは、とりもなおさずその君主の氏姓が一度も改まらなかったということを意味している。逆に言うと「天皇制」の廃止を主張するということは、「日本」という国号の改廃を主張することに他ならない。その意味で、現在国会に議席を有する政党の中で、唯一「天皇制」の廃止を公然と主張した日本共産党が、その政党名に「日本」を掲げてきたことは、皮肉なめぐりあわせと言えるかもしれない。

ところで網野氏は、前掲『「日本」とは何か』などの晩年の発言の中で、「日本国の成立・出現以前に、日本も日本人も存在しない」ということを再三にわたって強調され、七世紀以前の歴史叙述に「日本」という概念を持ち込むことを厳密に避けておられた。その徹底した姿勢には頭が下がるが、その一方で、十世紀の「中国」であるとか、三世紀の「朝鮮」などといった用語をどのようにお考えだったのか、お聞きしたい気にもなってくる。

「日本」という国号が八世紀に定まったのだから、七世紀以前に「日本」はないという論理を貫くのであれば、「朝鮮」という国号は十四世紀末に定まったのだから十三世紀以前に「朝鮮」はないということになる。それ以前は「高麗」であり「新羅」と称するべきであろう。さらに「中国」に至っては、二十世紀初頭に「清」が滅亡し、「中華民国」が建国されたことで初めて国号となったのだから、十九世紀以前に「中国」はないということになってしまう。

もちろん、紀元前二世紀に秦の始皇帝が「天下」を統一したときから、「中国」という用語は存在したわけだが、この頃から十九世紀までの「中国」という言葉は、①中央の都市、②皇帝の影響力の及ぶ範囲、③皇帝に直接支配されている「まんなかの領民」といった意味を示す普通名詞に過ぎず（岡田英弘『歴史とは何か』）、日本や朝鮮でも「わが国」という意味で「中国（なかつくに）」という語を用いた用例は多数存在した。つまり、国号としての「中国」は、十九世紀末に至るまで、どこにも存在しなかったのである。

秀吉の国家構想と「日本」の危機

よく「天皇家はなぜ続いてきたのか」というテーマが、日本史上における最大の難問のように論じられることがある。しかし、「天皇」の支配する国を「日本」と称する以上、このテーマは「日本はなぜ滅びなかったのか」という疑問に置き換えた方がわかりやすい。たとえば十三世紀、ユーラシア大陸を席巻していたモンゴル帝国が、あのような大暴風雨に遭難することなく、この列島に上陸していたとしたら、「天皇」は抹殺され、「日本」は滅亡していたかも知れない。

ところで、このような「日本滅亡の危機」は、はたして十三世紀の蒙古襲来だけだったのであろうか。確かに、十一世紀の刀伊《とい》の入寇《にゅうこう》や十五世紀の応永の外寇は小競り合い程度のものであり、わが国が本格的に他国からの侵略を受けたのは、蒙古襲来のみと言って過言ではない。しかし逆に、この国が本格的に他国を侵略していったことは、十六世紀、豊臣秀吉によって行われていた。そして、そ

写真⑤　豊臣秀吉木像
（大阪城天守閣蔵）

写真④　豊臣秀吉像（高台寺蔵）

写真⑥　豊公吉野花見図屛風（部分，細見美術館蔵）

のような「日本」を越えようとする覇権主義が、何よりも「日本」と「天皇」を脅かす行為であったことにここでは注目したい。

天正二十年（一五九二）五月、朝鮮派兵軍の緒戦の勝利に気をよくした秀吉は、関白秀次に二十五箇条の「事書」を与えた（『豊臣秀吉朝鮮侵略関係史料』1）。その中で秀吉は、明国を征服したあかつきには、後陽成天皇を「大唐之都」（北京）に遷し、日本の天皇は「若宮」（皇子・良仁親王）か、八条宮（皇弟・智仁親王）に継がせることを指示している。そして秀吉みずからは、寧波《ニンポー》に居を構えてインドを含めた全世界を支配することになっていたという。

このような国家構想を、秀吉の誇大妄想と笑うことはたやすい。しかしここで重要なことは、織豊期研究の重鎮の一人である三鬼清一郎氏が指摘されているとおり、秀吉が天皇を、あたかも大名に国替えを命ずるかのように、自由に動かせる立場に立っていることである（『織豊期の国家と秩序』）。北京と京都の二人の天皇は、ともに秀吉によって封ぜられた国王で、秀吉は彼らを支配する「中華皇帝」の地位に就こうとしていたのではないか。そういえば前頁に掲げたいくつかの秀吉像をはじめ、およそ秀吉を描いた肖像画や彫刻は、そのほとんどが「唐冠」とよばれる大陸風の冠をかぶった姿で描かれている。中でも写真⑥に掲げた細見美術館所蔵「豊公吉野花見図屏風」に描かれた秀吉は、唐冠をかぶり「パランキーン」とよばれるインドの担ぎ駕籠と思しき輿に乗っている。これを単なる秀吉の「中国かぶれ」として片付けてしまうことは妥当ではない。

またたとえ秀吉の構想（妄想？）が「中華皇帝」の地位にあったとしても、「日本人」が「中国」

の皇帝になれるはずがないではないかと思われる方も多かろう。しかし、秀吉より二十年ほど後に生まれた女真《じょしん》族の英雄ヌルハチは、日本民族よりよほど小さな勢力であった女真族（満州民族）を統一して金（後金）を建国し、その子ホンタイジ（清太宗）は明を倒して文字通り「中華皇帝」の地位に就いている。とすると、もし秀吉の朝鮮出兵が成功し、かつ彼にホンタイジの如き優秀な後継者がいたとすれば、満州民族よりも前に日本民族が明を滅ぼし、豊臣姓の「中華皇帝」が誕生していたかも知れない。

そしてもし、そのようなことが起こった場合、「中華皇帝」となった豊臣氏の帝国は、もはや「日本」であろうはずがなく、「中華皇帝」となったホンタイジが、その国号を金から清へと改めたように、「日本」という国号もまた、中華帝国にふさわしい名称へと改められたに違いない。そして、「日本」という国号と不可分の関係を以て伝えられてきた「天皇」の地位もまた、「中華皇帝」豊臣氏によって、あっけなく転封・改易されていったものと考えられる。

なお私は、本書の第三章で、信長や秀吉は「将軍になれなかった」のではなく、そもそも「将軍になろうとしなかった」のだと述べてきたが、その意図はもはや明白であろう。すなわち彼らの国家構想、それは「日本」という、七世紀末以来「天皇」の支配する国として定められてきた版図を大きく越え、最終的には「中華皇帝」の地位を目指すものであった。

たとえば、イエズス会の宣教師ルイス・フロイスによると、天正十年（一五八二）、本能寺で倒れる直前の信長は、「毛利を征服し終えて日本の全六十六カ国の絶対領主となったならば、シナに渡って武力でこれを奪うため一大艦隊を準備させること、および彼の息子たちに諸国を分け与えることに意を決していた」という。先に見た秀吉の国家構想が、こうした信長の遺志を継承したものであったことは間違いない。

つまり彼らは、「将軍」などという一軍事司令官はもちろん、「天皇」にすらなろうとしていなかった。彼らのねらいは、東アジア全てを支配する「中華皇帝」だったのである。そして、実にそのような国家構想こそが、蒙古襲来とならぶ「日本」の危機であり、「天皇制」の危機であったことはもっと注目されて良い。

義満は「天皇になろうとした」のか？

ところで、中世における「天皇制」の危機と言って真っ先に思い出されるのは、今谷明氏の『室町の王権』によってよく知られるようになった足利義満の「王権簒奪《さんだつ》計画」であろう。卑見によればこの著書は、義満が「王権」を「簒奪」する過程を丹念に読み解かれた前半部分に、その秀逸さが最もよく現れていると思う。ところが巷間では、義満が愛児の義嗣を皇位に就けようとしながら、彼の急死によって失敗するという後半部分の方が注目されてしまった。

しかし、言うまでもないことだが義満は、決して「天皇になろう」などとはしていない。今谷氏も示唆しておられるように、義満は、院政によって「治天の君」が掌握してきた「王権」を掌握したに過ぎない。しかもそれは、決して義満が強権的に朝廷から「簒奪」したなどというものではなく、むしろ南北朝の内乱で衰頽した朝廷（北朝）が、武家政権の実力を取り込んで生き残りを図ろうとした措置に過ぎないことが、小川剛生氏の近業によって明らかにされている（『足利義満』）。つまり義満は、決して「天皇になろうとした」のではなく、「治天の君」になろうとした、いや事実上その地位に就いていたと言うことができる。しかもこのことについては、今谷氏もその著書の中で参考とされている富田正弘氏の優れた論文「室町殿と天皇」において、既に論証されているとおりである。

「治天の君」とは、すでに第一章の最後の方で述べたとおり、院宮家（天皇家）の家長ともいうべき存在であり、通常は天皇を出している皇統の家長にあたる上皇が、その地位に就いてきた。しかし、たとえば承久三年（一二二一）、後鳥羽・土御門・順徳の三上皇を流罪に処した鎌倉幕府は、承久の乱と無関係であった後堀河天皇を皇位に就けるに当たり、その父守貞親王を、後高倉院として「治天の君」の地位に据えている。皇位に就いたことがない者でも、「治天の君」となることはできたわけである。

その意味で足利義満は、皇位に就いたことのない二人目の「治天の君」（鹿苑院太上法皇）であった（厳密に言うと、後光厳天皇即位に際しての祖母広義門院《こうぎもんいん》藤原寧子の立場も「治天の君」と言うことができる。詳しくは拙著『院政とは何だったか』参照）。しかし、義満が守貞親王（後高倉院）と大きく異なる点、それは義満が皇族ではなかったという点にある。つまり義満は、「人臣初」の「治天の君」であったということになろう。私は、このような臣籍にある「治天の君」を示す地位、それこそが武家政権にとっての「源氏長者」という地位だったのではないかと考えている。

そして実際、足利義満から徳川慶喜に至る武家の「源氏長者」が、事実上の日本の王権を掌握していたことは、よく知られているとおりである。このように考えてくると、義満による「王権簒奪」計画とは、決して「天皇になろうとしたがその急死により失敗した」などというものではなく、白河院政以来「治天の君」に掌握されてきた日本の王権を、「源氏長者」という地位として掌握し、かつこれを後継者に継承することまで成功したものとして評価し直すことができよう。

ところで私は先に、七世紀末に定められた「日本」という国号が、今日に至るまで一度も改めらなかったということは、とりもなおさずその「王」の姓が一度も改まらなかったということを意味していると述べた。しかし、日本の「王」の姓が一度も改まらなかったということは、七世紀末から二十一世紀の今日に至るまで、天皇が君主の地位にあり続けたということを意味するものではない。十四世紀末の足利義満から十九世紀後半の徳川慶喜に至るまで、日本の王権を掌握していたのは源氏長者たる足利であり、徳川であった。ただ彼らの氏姓である源氏という氏は、天皇の氏（王氏）と広義において同姓であったがために、結果として日本の「王」の姓は改まることなく、「日本」という国号も改変されなかったのである。

今、李氏朝鮮・尚氏琉球などといった国号表記にならってこれを比喩的に表現するならば、義満以前の日本は「王氏日本」、義満以降の日本は「源氏日本」とでも言うことができようか。とは言えそもそも義満以降（特に室町時代）の「王権」とは、院・天皇・摂関と将軍家との共同統治に過ぎず、それは広義の王氏全体の統治権を、何ら揺るがすものではなかった。つまり将軍家（源氏＝広義の王氏）は、院宮家（狭義の王氏）に代わって、王氏全体の代表をたまたま担当したようなものと評価することができよう。

南朝正統論の罠

そもそも、南北朝時代を画期として、武家政権が朝廷に取って代わったとする一種の「王朝交替史観」は、山鹿素行《やまがそこう》の『武家事紀』や、新井白石《あらいはくせき》の『読史余論』などにも見出されるものであり、近世前期の儒学者の間では、むしろ常識的な見方であった。中でも、水戸の徳川光圀による『大日本史』の編纂は、そうした歴史観に基づいていて始められたことが指摘されている。

『大日本史』が採用した紀伝体という形式は、皇帝在位中の年代記である「本紀《ほんぎ》」と、臣下の伝記である「列伝《れつでん》」から構成されていたが、光圀の片腕として知られる安積澹泊《あさかたんぱく》の書簡によると、澹泊がはじめて史館に入った時、光厳天皇から後円融天皇に至る北朝五主の伝記は、列伝に降されていたという。つまり光圀が立てた当初の構想は、時の天皇を「臣下」の子孫と見なしていたことになる。これに対して安積澹泊は、たとえ北朝でも、今の天子の祖宗を列伝に入れるのは穏やかでないと建言し、これを後小松天皇紀の冒頭に移したという（鳥巣通明「大日本史と崎門史学の関係」）。しかし、それにもかかわらず南朝を正統とする『大日本史』の見解は、「時勢に不可なるところあり」、あるいは「当世のために忌むべきものあり」などとして（藤田幽谷「校正局諸学士に与ふるの書」）、永らく朝廷への献上が実現せず、『大日本史』の書名についても、その勅許を得ることができなかった（日本思想大系『水戸学』）。

それでは光圀は、なぜこのような危険を冒してまで、南朝を正統としたのであろうか。この点について、極めて明解な見通しを示されたのが、近世思想史の大家尾藤正英氏である。氏は、後に藤田幽谷が「易姓革命のないわが国では、史書に国号を冠するのがそもそも誤りである」として、「大日本史」という書名を批判していることに注目され、『大日本史』が、

① 紀伝体という中国のオーソドックスな史書の体裁に準拠しようとした点

② 神武天皇から南朝の滅亡までの期間を対象として立てられていたこと

などから、

当初の計画では、南朝を正統の王朝とみなすとともに、その滅亡によって、一つの王朝の歴史が完結したと考えられていたのであろう。

という括目すべき見解を示された（「水戸学の特質」）。すなわち中国では、王朝交代があった際、新王朝が前王朝の歴史を、その国号を冠した史書として編纂するのを常とした。その意味で『大日本史』という書名は、後漢の班固《はんこ》・班昭《はんしょう》らが、前漢の歴史を『漢書《かんじょ》』という紀伝体の史書として編修したのに倣《なら》い、武家政権（いわば「後日本」＝「源氏日本」）の正統な継承者である徳川家が、「神武天皇に始まって南朝へと継続した王朝（いわば「前日本」＝「王氏日本」）の、建国から滅亡にいたる歴史」（まさにこれこそ『大日本史』）を編修しようとしたことを物語っており、そう考えたとき、室町時代以降の北朝は、武家政権に擁立された新王朝であって、前の王朝の正統なる後継者とはみなされない。それが南朝正統論の本来の意味であった。

というのである。

しかし、言うまでもなくそうした歴史観は、京都の朝廷には決して受け入れられるものではなかった。近世の朝廷は、あくまでも神武天皇以来、自らが正統な王朝を継承してきたと自覚しており、そう考える以上、北朝を正統とするより他なかったのである。寛政十年（一七九八）の柳原紀光《やなぎわらもとみつ》『続史愚抄《ぞくしぐしょう》』へと結実する歴史認識は、まさにその典型例と言える。

その後、栗山潜鋒にはじまるいわゆる後期水戸学では、「三器を擁するを以て正と為すべし」（『保建大記』）とする神器正統論が現われ、南朝と現皇統の双方を正統とするようになるが、一方で南朝を「正統」としつつ、その一方で後小松天皇以降の皇統（旧北朝の末裔＝現皇室）をも「正統」とするような発想は、「父子一系」の「氏」の論理になじんだ公家社会では、幕末に至るまで決して受け入れられるものではなかった。例えば孝明天皇は、自らを神武天皇の「百二十二代孫」と称していたが、これは北朝を正統とした代数であった。

ここでまた巻頭に掲げた、神武天皇から今上天皇に至る「父子一系」の系図を御覧いただきたい。北朝を「正統」とするこの系図の太線こそ、真の「万世一系」系図であることが明確にご理解頂けよう。義満以降の武家政権下において北朝系の皇統は、「王氏」一門の「元祖本家」たる「天照大神以来一流の御正統」として、その命脈を保っていたと言うことができる。

帝国陸海軍大元帥＝征夷大将軍の継承者

しかるに十九世紀中葉、欧米列強のアジア進出と、不平等条約の締結に危機感を強めたわが国は、そうした列強からの独立＝「攘夷《じょうい》」を国家の急務とするようになった。そして、その「攘夷」を本業とするはずの「征夷大将軍」にその能力がないと分かった時、「攘夷」運動が「討幕」運動へと結びついていったことは前章で詳しく述べた。しかし、そのようにして「征夷大将軍」を政権から放逐した明治新政府は、その「攘夷」という国家の急務を実行する「征夷大将軍」の職務を、明治天皇その人に担わせてしまった。「帝国陸海軍の大元帥《だいげんすい》」という立場は、まさしく「征夷大将軍」の地位を継承したものに他ならない。

これは義満による「王権簒奪」以来、五百年近くにわたって「征夷大将軍」が日本の王権を掌握し続けてきた結果であった。つまり明治天皇は、徳川慶喜から政権を奪還し、「江戸城」という王権のシンボルを継承するのと同時に、「征夷大将軍」の職権まで継承してしまったということになろう。確かに、もし明治天皇以外の何者かが「征夷大将軍」の職権を得た場合、それが島津久光のような武家源氏であればもちろん、たとえ有栖川宮熾仁親王《ありすがわのみやたるひとしんのう》のような皇族であろうと、「幕府再興」の動きが起こり、結果として日本の近代化はあと十年遅れていたかもしれない。その意味で、明治天皇自身が「帝国陸海軍の大元帥」となることは、この時点で取り得る最善の策であったのだろう。しかし、本来「公家社会」の頂点にあった天皇が、「武家社会」の頂点にあった「征夷大将軍」の職務を継承したということ、それは真の意味での「天皇」の歴史、ひいては「日本」の歴史にとって、きわめて大きな悲劇であったと私は思う。

明治四十四年（一九一一）二月、日米新通商航海条約が調印され、念願の関税自主権確立＝不平等条約の撤廃が実現されたその同じ月、国定歴史教科書の「南北朝正閏問題」が帝国議会で取り上げられ、教科書編修官喜田貞吉に休職処分が下されるという事件が起きた。同年三月二日の「時事新報」には、「南朝正統確定」の見出しが踊り、宮内省においても南朝を正統とする旨の定められたことが報じられている。

これは、帝国陸海軍の大元帥として、もはや並ぶ者なき「武人」に成長し、水戸学を中心とした「武家社会」の帝王学を身につけてきた明治天皇が、自らの祖先についても「武家社会の論理」を取り入れて、その最終判断を下したことを如実に物語っていよう。そしてこの瞬間、最後の「氏」＝王氏もまた、名実ともに「皇室」とよばれる一つの「家」となった。明治四年、維新政府が公文書に姓を用いることを禁じて、「氏」の歴史がその幕を閉じてから四十年後、明治二十二年に「皇室典範」が定められて、「皇室」という用語が法制化されてから二十二年後のできごとであった。

補論一　源師房—摂関家出身の源氏長者

はじめに

藤波の御流れの栄え給《たま》ふのみにあらず、帝一の人の御母方には、近くは源氏の君だちこそ、よき上達部《かんだちめ》どもはおはすなれ、

歴史物語『大鏡《おおかがみ》』は、「帝紀」と「摂関列伝」からなる紀伝体ともいうべき編纂方針をとっていたが、その『大鏡』の跡を継ぐものとして執筆された『今鏡』は、『大鏡』と同じ「帝紀」「摂関列伝」に加えて、「源氏列伝」ともいうべき「村上の源氏　第七」の巻を独自に設けていた。右の一文はその巻の冒頭箇所である。まさにこの『今鏡』の時代、廟堂《びょうどう》は「藤波の御流れ」＝藤原氏（摂関家）のみでは語ることのできない、そして「源氏の君だち」＝村上源氏ぬきには考えられない状況を迎えていた。

かつて、こうした村上源氏の台頭は、『中右記《ちゅうゆうき》』寛治七年（一〇九三）十二月二十七日条に見える、「左右大臣、左右大将、源氏同時に相並ぶ例、未だ此の事あらず（中略）他門誠に希有の例なり、藤氏として甚《はなは》だ懼《おそ》れあるの故か」などといった表現から、白河院政期において、源氏が「左右大臣・

系図⑲

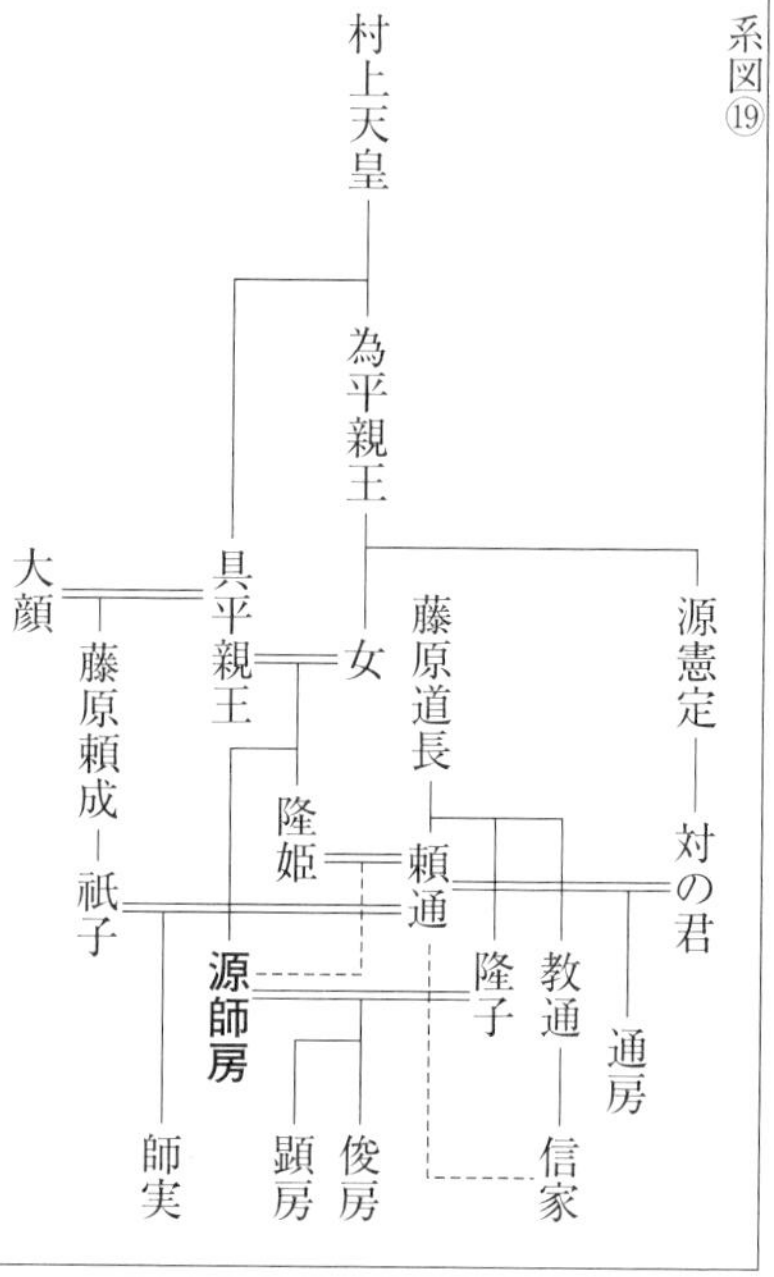

左右大将」を独占したことを、藤原氏が「甚だ懼れ」ていたことに注目し、後三条天皇や白河天皇が、摂関家に対抗させるため、村上源氏を登用したものと評価されてきた。

ところが、このような通説に対して、まず木本好信氏は、村上源氏の始祖源師房《もろふさ》が、藤原頼通《よりみち》の養子であったことに注目され、その日記『土右記』に見られる公事儀式関係記事の分析から、師房は頼通の養子として、彼からその公事知識を継承し、彼の嫡子師実《もろざね》へとこれを伝える中継的役割を果たしていたとされた（『土右記』と源師房」）。次いで坂本賞三氏は、師房が頼通の養子であったことと共に、藤原道長の女婿《じょせい》であったことを高く評価され、師房は道長によって一時期「頼通の後継者」に位置付けられていたとして、師房は摂関家に対抗するためというより、逆に摂関家の一員として廟堂に登用されたと論じられた（『藤原頼通の時代』）。さらに片山剛氏は、師房の同様の性格を文化史的側面から解析され、「後期摂関時代の主題を奏でたのが頼通なら師房はさしずめ変奏をうけもったことになる」という評価を与えられた（『源師房序説』）。

この三氏の説は、それまでの通俗的な「村上源氏論」とは一線を画す業績と認められ、摂関家の一員として位置づけられた師房の生涯については、まさに論じ尽くされた観がある。しかしながら、そこまで摂関家にとりこまれていた師房が、なぜ源氏であったのかという点、即ち、源氏としての師房の生涯については、なお検討の余地が残されているように思われる。例えば、坂本氏は次のように述べておられる。

源師房が頼通の後継者とされたことは、当然次に源姓の摂政・関白が出現することを意味した。道長の脳裏には、もしも頼通の実子が生まれなければ、（教通の長男を養子とした信家をさしおいて）源姓の摂関を出現させる構想があったと考えられるのである。

しかし、はたして源姓の摂関などというものがあり得たのだろうか。この問題は、村上源氏の「権門政治」上における位置づけとも関わるだけに、「もしも」の話だからと言って、決して等閑視すべきではあるまい。そこで本章では、師房があくまでも源氏であったという点に注目して、この坂本説を再検討することにより、源氏としての師房の生涯について、考察を加えていくこととしたい。

1　頼通養子万寿宮資定王

源師房は寛弘五年（一〇〇八）、村上天皇の第七皇子具平《ともひら》親王の次男として生まれた。母は村上天皇の第四皇子為平《ためひら》親王の女で、幼名を万寿宮資定王《ますのみやすけさだおう》という。ちなみに『公卿補任《くぎょうぶにん》』万寿元年（一〇二四）条には「具平親王一男」とあるが、『左経記《さけいき》』寛仁四年（一〇二〇）十二月二十六日条には「故中務卿宮《なかつかさきょうのみや》二男」とあり、また『尊卑分脈』に師房の弟として見える頼成が、師房より年長と考えられること（頼成の女祇子が、師房の養父藤原頼通の室となり、師実の母となっていること）、また頼成の曾孫成俊が、師房の次男顕房の養子となっていること（『尊卑分脈』など）から、頼成が具平親王の長男、師房は次男と考えられる。

ところで、師房の父具平親王は、彼が生まれた翌年の寛弘六年（一〇〇九）に四十六歳で没してしまう（『日本紀略』同年七月二十八日条）。師房の母為平親王女は、その後も健在であったが、その父（師房の外祖父）である為平親王は、具平親王の没した翌年の寛弘七年に五十九歳で没しており、師房を養育することは事実上不可能であった。

そんな万寿宮を救ったのが彼の同母姉で、具平親王の死と前後して藤原頼通に嫁していた隆姫と、その夫頼通であった。『栄花物語』巻十二を見ると、

万寿宮（師房）の御直衣《のうし》姿もおかしうて出で入りまぎれ給ふを、殿（頼通）たゞ我御子のやうにうつくしみ奉らせ給ふ。

とあって、直衣姿もかわいらしい恰好で部屋を出入りしている万寿宮を、藤原頼通が実子同然に可愛がっていた様子が記されている。どうやら万寿宮は、父と外祖父を失ってからまもなく、姉夫婦と同居するようになっていたらしい。

そして、その五年後の寛仁四年（一〇二〇）十二月二十六日、十三歳になった万寿宮は、頼通の上東門院第《じょうとうもんいんてい》で元服し、名を資定から師房と改め、源氏の姓を賜って源師房と名乗るようになった。この元服のことを記した『左経記』同日条に、「故中務卿宮二男元服、関白殿養子也」と見えるのが、師房が頼通の養子となっていたことのわかる初見史料であるが、上述した通り、この養子縁組は、頼通夫妻が実際に師房を幼少時から養育してきたという実態を反映したものであった。ちなみに、この頃の頼通には実子がなく、父道長が、

男は妻は一人のみやは持たる。痴《しれ》の様や。いまゝで子もなかめければ、とてもかうてもたゞ子を設けんとこそ思はめ（『栄花物語』巻十二）

とののしって、子を産む妻を持つよう勧めていたことは余りにも有名である。この道長の発言には、なかなか子供の授からない正室隆姫と、そんな隆姫を「一人のみ」の妻と考える頼通へのいらだちが如実に感じられよう。実際、頼通という男は、光源氏のモデルとまで言われた父道長とは、比べようもないほど女性関係が少なかった。そんな頼通が、恐らくは子供の産めない体質であった隆姫を「一人のみ」の妻と考えていた以上、彼女の弟万寿宮を、早くから実子同然の養子としていたのも、当然の成り行きと言える。

むしろここで注意したいのは、師房が、頼通の養子として、頼通の邸宅で元服しながら、藤原の姓を名乗らず、源の姓を賜ったということである。親王の子である以上、源姓を名乗るのは当然と思われるかもしれない。しかし、師房の兄頼成は、いかに母が身分の低い「雑仕女」であったとは言え

（頼成の母は、『古今著聞集』巻十三の「後中書王具平親王雑仕を最愛の事」において、師房の母とされている「おほかほ（大顔）」という雑仕女《ぞうしめ》であった。角田「夕顔の死」参照）、具平親王の長男として生まれながら、父具平親王の命によって藤原伊祐（紫式部の父為時の兄為頼の子）の養子とされ、藤原の姓を名乗っている（『尊卑分脈』）。こうした兄の前例と比較するならば、頼通の庇護下で、その実子同然に育った師房が、源姓を賜り、頼通の「異姓」養子（『小右記』万寿元年九月二十二日条）となったことは、言わば「不自然」なことであった。

かかる「不自然」な源氏賜姓の背景には、頼通のもう一人の養子、藤原信家の誕生が関係していると思われる。すなわち『栄花物語』巻三十二を見ると、

殿（頼通）には御子のおはしまさぬことを、口惜しなども世の常なり。上（隆姫）の御兄の源大納言（師房）・内大臣（教通）殿の中将（信家）をぞ子にし奉らせ給ける。

とあって、頼通は師房の他に、弟教通の長男信家をも養子としていたことが知られる。右の記述から、頼通が信家を養子としたのは、頼通に「御子のおはしまさぬ」万寿二年（一〇二五）以前であったことがわかるが、この万寿二年当時、信家はわずかに七歳であり、恐らくは師房と同様、物心が付く以前から頼通の養子とされていたに違いない。その信家が生まれた年こそ、師房元服の前年、寛仁三年（一〇一九）だったのである。

藤原道長が、数ある子供たちの中で、倫子《りんし》所生の頼通・教通兄弟を摂関家の後継者と考えており、この兄弟が将来、摂関の継承をめぐって争うことのないよう心を砕いていたことはよく知られた逸話

である（『古事談』二巻六二話）。とすると道長が、弟教通の第一子信家を、その誕生とほぼ同時に、当時まだ実子のなかった兄頼通の養子とすることで、両者の融和を計り、将来の禍根を断とうとしていた可能性は高い。

ところが、こうして信家を頼通の養子とした時、問題となるのは早くから実子同然の養子として頼通の下で育った万寿宮の処遇であったろう。もし彼を藤原姓で元服させてしまった場合、摂関の継承をめぐって争いの火種を残しかねない。そこで考え出されたのが、師房には源姓を賜うことで、摂関継承の可能性を奪うとともに、別の役割を与えるという方法だったのではなかろうか。その「別の役割」については後述するが、ここでは、いかに頼通の養子になっていたとは言え、「源姓」という「他姓」を賜った時点で、師房には摂関継承の資格は失われていたはずであることを確認しておきたい。

2　道長女婿源師房

こうして、頼通の下で実子同然に育ちながら、源氏として元服した師房は、それから三年余経った治安四年（一〇二四）三月、道長の女隆子と結婚することで、再び摂関家の重要な一員としての性格を付与されることになる。そして師房は、この隆子との婚儀から約半年後の万寿元年九月、それまで四年間変化のなかった従四位下から、わずか三日の内に従三位まで昇叙されるという破格の待遇を受けた（『公卿補任』同年条・『小右記』同日条）。これらの事実を以て、この後しばらく、師房は摂関家の後継者に位置付けられていたとされるのが、上述した坂本氏の説である。坂本氏はこう述べる。

こうして頼通の息男を待っていた道長は、頼通が明ければ三十三歳になろうという治安三年（一〇二三）十二月に至ってついに決断し、頼通の養子源師房を頼通の後継者とするため道長女隆子と結婚させ、そして従四位下から一挙に従三位に叙したのであった。（「村上源氏の性格」）

確かに再三述べてきた通り、この時期の頼通には実子がいなかった。しかし、頼通が三十三歳になるその日まで、道長が実子の誕生を待ち続けていたというのは、当時の平均的結婚年齢から推して、余りにも遅すぎはしないだろうか。ことは摂関家の後継者にかかわる問題である。頼通に万が一のことがあった場合の後継者については、早くから定められていたはずであろう。そして寛仁三年以降、それは弟教通の第一子信家であったに違いない。

もちろん道長は、信家を頼通の養子とした後も、その一方で、頼通に実子の生まれることを期待し続けていただろうと私も思う。しかし、坂本氏が言われるように、治安三年十二月という時期を選んで、実子の誕生を諦《あきら》めたとは考えられない。なぜなら、それからわずか一年余りしかたっていない万寿二年（一〇二五）の正月に、頼通待望の第一子である通房が生まれているからである。このことは「皮肉なことに」などという表現で済まされる問題ではない。なにしろ通房の生まれ月から逆算すると、師房が従三位に昇叙された万寿元年の九月には、通房の母源憲定女が懐妊していたことは確実なのだから、道長が、わざわざこの時期を選んで、頼通の実子誕生を諦めたという推測は成り立ちにくい。
むしろ、通房の生まれ月から逆算すると、ちょうど道長が師房を自らの女婿に選んだ治安三年末頃までに、頼通は源憲定女を室としていた可能性が高い。『栄花物語』巻二四によると、憲定女と頼通のなれそめは以下の通りである。為平親王の子である源憲定は、頼通の正室隆姫にとって父方の従兄弟であり、母方の伯母でもあったため、憲定が没した後、その忘れ形見となった二人の女子が気の毒な暮らしをしていると聞いた隆姫は、「知らぬ人かは」と言ってこの二人を引き取り、頼通の食事の世話や髪上げの役などをさせるようにした。するとその内、姉君は源則理《のりまさ》という受領《ずりよう》の元に嫁ぎ、夫の任地尾張へと下向したが、対の君と呼ばれた妹君は、次第に頼通の寵愛を受けるようになったという。

この君（対の君）に、殿（頼通）自ら睦《むつま》しくならせ給にけり。御心ざしのあるさまに、めざましき事どもありければ、上（隆姫）、「他人よりは、さやは」など、めざましげなる御けしきかたはらいたくて、やう〳〵里がちになりゆけば、さるべきにやありけん、異事は上の御けしきに従ひきこえさせ給に、この事ばかりはそれに障《さわ》らぬ様に、ともすれば御歩きのついでにも立ち寄り給ふ。昼などもかき紛れおはします程に、たゞにもあらずなり給にけるを、世の人いとめでたき幸人にいひ思けり。

この『栄花物語』の記述からは、頼通が、正室隆姫の目をも憚《はばか》らず、公然と対の君を寵愛するようになっていた様子が窺《うかが》い知られる。対の君の懐妊は、決して突発的な事件ではなかったのである。

ところで上述した通り、この頃まで頼通に実子がいなかった最大の原因は、子供の産めない隆姫を、頼通が「一人のみ」の妻としていたことにあると考えられるのだから、道長が頼通の実子誕生を期待するとは、頼通が隆姫以外の女性を愛するようになることへの期待に他ならなかったはずである。とするならば、治安三年末頃の道長に、頼通の実子誕生を諦める必然性は全くない。

以上のことから、道長が師房を自らの女隆子の婿に選んだということを以て、彼を頼通の後継者に選んだと論ずるには、いささか無理があることが明白であろう。もちろん、道長が師房を隆子の婿に選んだということの背後には、彼を摂関家の重要な一員として位置づけようとする道長の強烈な意志が読み取れる。何より、

御堂《みどう》（道長）の御娘は、多く国母にてのみおはしますに、この殿（師房）の北の方（隆子）のみこそ、ただ人はおはしませば、いといとやむごとなし。その御腹に、堀河の左の大臣《おとど》俊房《としふさ》、六条の右の大臣顕房《あきふさ》と申して、兄弟ならび給へりき。

と『今鏡』に記された通り、道長の他の女子達が、いずれも天皇の中宮ないし東宮の女御になっているのに対し、隆子だけが「ただ人」である師房と結婚したことの意味は余りにも大きい。但しそれは、あくまでも源氏の公卿としての師房を、藤原摂関家の与党としておくことに主たる目的があったのであり、決して、摂関の地位そのものを源氏に渡してしまいかねないような判断ではなかったと私は思う。

それでは、師房を摂関家の与党にしておくことの意味とは、一体何だったのか。最後にこの問題に

ついて考察し、以て本章のまとめとしていくことにしたい。

3　源氏長者土御門右大臣

治安四年（一〇二四）三月に道長の女隆子と結婚した師房は、同年九月に従三位に叙された後、万寿三年十月には権中納言《ごんちゆうなごん》に任ぜられ、長元二年（一〇二九）暮れには従二位まで昇叙されて、従二位権中納言であった源道方《みちかた》と並ぶ源氏の筆頭公卿となった。その後、師房は、承保四年（一〇七七）二月に没する直前まで、実に半世紀近くにわたって、源氏の筆頭公卿を務めることになるわけだが、この間、師房は「源氏長者」の地位に就いていたらしい。

そもそも源氏長者とは、源氏公卿の中で、最も官位の高い者が務める地位であり、藤氏長者と同じく、氏爵《うじのしやく》の推挙、氏院の別当、氏寺の俗別当、氏神の管領などを行うのを常とした。既に下向井龍彦氏が指摘しておられる通り、師房の嫡男である源俊房の日記『水左記《すいさき》』の承暦二年（一〇七八）正月四日条を見ると、「下官（俊房）今年初めて源氏爵を挙ぐ。（中略）源氏爵に於いては氏長者これを挙ぐ。」とあり、俊房が源氏長者として「初めて」源氏爵を推挙している。これは、その前年の承保四年に父師房が没した後を受けて、その機能を継承した結果に相違ない。

ところで、これより百年以上後の文治四年（一一八八）六月、師房の曾孫に当たる源定房《さだふさ》の没後、源氏長者の地位を示す淳和《じゆんな》・奨学《しようがく》両院別当職が、平親宗《たいらのちかむね》をはじめとする「異姓の人々」に相続さ

れそうになったことに対し、定房亡き後の源氏筆頭公卿である源通親《みちちか》が発した抗議の言葉に、

> 藤氏の人、彼の院（淳和・奨学両院）の別当となる例、みな源氏外孫なり。時に源氏なきにより外孫を用ゆ。これ則ち淳和大后の御起請なり。扶幹《すけもと》・行成《ゆきなり》・宗輔《むねすけ》・重道《しげみち》らの卿《きょう》は、みな外家なり。もしくはまた橘氏を用ゆべきの由、彼の御起請にあり。しかるにさしたる故なく、異姓の人々、恣《ほしいまま》に濫望《らんぼう》を致す。また先例に背き、親族に譲与す。未曾有のことか。（「姉言記」同月三十日条）

というものがあり、藤原扶幹・行成・宗輔・重道といった藤原氏の公卿が、淳和・奨学両院別当を務めていたことが知られる。このうち、三蹟《さんせき》の一人として名高い藤原行成は、万寿四年（一〇二七）十二月四日、正二位権大納言で没しており、師房が源氏長者となる直前まで、源氏長者の地位にあった可能性が高い（巻末源氏長者一覧参照）。

先の通親の言によれば、源氏以外の「異姓」公卿が両院別当職に就くことは、源氏の公卿がいない時、源氏の外孫に限って許されるとされている。藤原行成は、醍醐源氏である源保光《やすみつ》の女を室としており、源氏の外孫ではないが、源氏の女婿としてその地位に就いていたのであろう。しかしながら、行成が公卿に列した長保三年（一〇〇一）から、万寿四年に没するまで、廟堂には源俊賢・経房・道方という源氏公卿がおり、「時に源氏なきにより」という原則は必ずしも守られていない。それでは行成は、どのような経緯で両院別当職に就いていたのであろうか。

ここで注目されるのは、この時期、ほぼ時を同じくして、橘氏長者の権能もまた、藤原氏によって

奪われているという事実である。橘氏は、敏達《びたつ》天皇の五世孫である橘諸兄《もろえ》を始祖とする名門であり、奈良～平安前期には納言以上に昇る者も少なくなかったため、その者を氏長者としていたが、永観元年（九八三）、参議に三日在任して没した橘恒平《つねひら》の後は、再び公卿となる者がなかった。そこで橘氏長者の権能は、氏院の別当職と、氏爵を行なう者とに分離し、前者は橘氏中の長者が務めてこれを橘氏長者と称し、後者は橘氏と血縁関係のある他氏の公卿が務めてこれを橘氏是定とよんだ（竹内理三「氏長者」）。この橘氏是定の地位を世襲したのが、藤原摂関家の九条家であった。『玉葉《ぎょくよう》』安元三年（一一七七）六月五日条を見ると、

そもそも此の一族（九条家）橘氏是定《ぜじょう》をなす由来は、氏（橘）公卿絶ゆるの後、氏爵の事を行ふに人なし。よつて寛和の頃、中の関白道隆《みちたか》大納言たるの時、宣旨を蒙り行ふ所なり。其の所以《ゆえん》は、摂津守中正《せっつのかみなかまさ》の妻は、中納言　橘　澄清《たちばなのすみきよ》の女なり。即ち道隆・道兼・御堂（道長）らの外祖母なり。彼の昭穆によりて此の爵を行ふと云々。

とあり、橘澄清の女が藤原中正に嫁し、道隆・道兼・道長らの母となる時姫を産んで彼らの外祖母となったため、寛和年間（九八五～九八六）に橘氏の外孫として道隆が是定を務めて以来、摂関家（九条家）が橘氏是定を世襲するようになっていったとされている。

こうして、いわゆる藤原氏による他氏排斥が最終段階に入った十世紀後半、藤原摂関家は橘氏の外孫と称して橘氏長者の権能を奪うことに成功した。とすると藤原摂関家は、最後に残った「他氏」である源氏長者の権能をもまた獲得しようとしていた可能性が高い。藤原行成が、不自然な形で両院別

当の地位に就いていることは、こうした流れの中で理解することができるのではなかろうか。

残念ながら、行成がどのような手法を用いて他の源氏公卿を抑え、両院別当の地位に就いたのかを知ることはできない。しかし、その手法がいかなるものであったにせよ、既に廟堂から姿を消していた橘氏の場合と異なり、未だ数人の公卿が現任していた源氏の場合、その氏長者の権能を藤原氏が行うことには、少なからぬ抵抗があったことであろう。そこで次に考え出されたのが、事実上、摂関家の人間と言っても過言ではない師房に、源氏の姓を与えた上で、その筆頭公卿に引き上げ、源氏長者にしてしまうという方法であったに違いない。摂関家の顔を持つ師房に、源氏の「仮面」をかぶせて源氏長者の地位を独占させる。これは藤原摂関家による「最後の他氏排斥」であったと評価することすらできるかもしれない。

おわりに

今日、摂関政治は「天皇のミウチによる共同政治」と理解されており、例えば元木泰雄氏は、菅原道真失脚後の政界を、「天皇の父方のミウチである源氏と、母方のミウチである藤原氏が政治の中枢を独占」したものと評価されている（元木泰雄「三条朝の藤原道長」）。しかしながら摂関政治時代の源氏は、天皇の「父方のミウチ」という位置づけにあったため、後宮に入れた女子が皇子を産み続けさえすれば「母方のミウチ」であり続けることのできた藤原氏とは異なり、源姓を賜った皇子・皇孫から数世代を経ると、当然の事ながら「ミウチ」としての資格を失う運命にあった。実際、弘仁五年（八一四）に初めて源姓を賜った嵯峨源氏から、師房に至るまでの諸源氏の中で、四世代以上にわたって公卿の地位に留まり続けることのできた一門はない。

ところが、師房の末裔である村上源氏中院流は、その後八百年、実に明治維新を迎えるまで、廟堂公家社会に留まり続けた。それはもはや、「天皇の父方のミウチ」という性格を放棄したということに他ならない。ところでほぼ同じ頃、摂関の地位もまた、外戚関係の有無に関わりなく、つまり「天皇の母方のミウチ」でなくても、藤原氏御堂流に世襲されるようになっていくことが、多くの研究者によって指摘されている（坂本『藤原頼通の時代』ほか）。藤原氏御堂流とは、言うまでもなく道長の直系の末裔であり、村上源氏中院《なかのいん》流とは、道長の女隆子が師房に嫁して産んだ俊房・顕房兄弟の末裔である。つまりこの時期、廟堂公家社会は「天皇の父方のミウチである源氏と、母方のミウチである藤原氏」という構成から、「道長の直系の末裔である藤原氏御堂流と、道長の外孫の末裔である村上源氏中院流」という構成に大きく変化しているのである。

かつて国文学者の阿部秋生氏は、「源氏物語」の時代背景に関する研究の中で、「藤原実資《さねすけ》が、永承元年（一〇四六）に退いてから後、仁安元年（一一六六）十一月、平清盛が内大臣に任ぜられるまでの百二十年間」の公卿構成を検討され、「道長一門と、その圏内にある村上源氏とが摂関職と大臣職とを殆ど独占していた」と評価された（『源氏物語研究序説』）。実にこの百二十年間は（最初の二十二年間を別にすると）、本章の冒頭でも触れた、村上源氏の全盛期とされる「院政時代」とほぼ重なる。

近年、摂関政治と院政の連続面に注目する研究が盛んであるが（上島享『日本中世社会の形成と王権』ほか）、道長一門の出身と言っても過言ではない源師房一門が、その道長一門とともに、「院政時代」の廟堂公家社会を構成していたという、この事実一つを取り上げても、摂関政治と院政を相互に対立・克服するものと見做してきた旧来の政権論は、否定されるべきことが明白であろう。そしてまた、その意味においても、源師房とその一門は、摂関政治から院政への重要な「橋渡し役」を果たしていたと言えるのである。

補論二　家康生涯三度の源氏公称・改姓

はじめに

豊臣政権下における氏姓の重要性については、本書第四章で既述した通りであるが、その具体的事例の中でも、特に徳川家康が意図的にその姓を改めていたことについては、早く明治時代に阿部愿氏が指摘されて以来（「徳川家康本姓考」）、多くの研究が積み重ねられてきた。中でも大正時代、それらの研究を受けて、家康の姓について初めて本格的に論じられたのは渡邊世祐氏である。すなわち渡邊氏は、慶長七年（一六〇二）と推定される二月二十日付の「近衛前久書状」《このえさきひさ》（陽明文庫所蔵近衛家文書、以下「前久書状」と称す）を発見され、同書状の中に「只今ハ源家ニ又氏をかへられ候、只今之筋ハそしのすちにて候《そうろう》、其砌《そのみぎり》より如雪と申候者申候ハ、将軍望ニ付ての事候と申候」とあることなどを以て、家康は「将軍となる為に源氏となり、清和源氏の嫡流と号するに至ったのであろうと思う」と結論付けられた（「徳川氏の姓氏について」）。

その後、家康の本姓に関する研究は、中村孝也氏『徳川家康文書の研究』全五巻（日本学術振興会、一九五八～七一年、以下「家康文書」と称す）や、徳川義宣氏編『新修徳川家康文書の研究』（吉川弘文館、一九八三年、以下「新修」と称す）、そして『新編岡崎市史』全二十巻（一九八三〜九三年、以下「市史」と称す）などといった基礎的資料集の刊行により、着実にその環境が整えられていったが、その水準は永らく渡邊氏の説を越えることがなかった。しかるに一九九四年、米田雄介氏によって「壬生本徳川家康・秀忠関係文書」（宮内庁書陵部所蔵、以下「壬生本」と称す）が紹介されると（「徳川家康・秀忠の叙位任官文書について」）、この分野は新たな展開を迎え、三年後にはこれらの研究環境を十二分に活用された笠谷和比古氏の業績が発表されるに至った（「徳川家康の源氏改姓問題」）。

すなわち笠谷氏は、上述した基礎的資料集などに拠って、姓氏の記載された家康発給文書を編年順に整理されるとともに、米田氏が紹介された家康の叙位任官文書などを再検討され、家康の姓が永禄九年（一五六六）までは源氏、それから天正十六年（一五八八）までは藤原氏、それ以降は源氏で一貫していることを鮮やかに描き出されたのである。その実証的精度は極めて高く、まさに画期的な研究成果ということができよう。しかし、そのような優れた実証成果に立脚しながら、あくまでも家康の源氏改姓を将軍任官志向と結びつけ、「豊臣関白体制の下で公然と徳川将軍制を志向するような政治力学が作動して」いたとされた点には賛同できない。

以上のような研究史を踏まえて私は、天正十六年に於ける家康の源氏改姓が、必ずしも将軍任官への志向と直結するものではなく、むしろ彼の関東転封と関係する可能性が高いことを、いくつかの拙著の中で論じてきた（『家康はなぜ江戸を選んだか』など）。そこで本章では、これらの問題を本書の主題に即して改めて論じ直していくこととしたい。

1　永禄九年—源氏公称の挫折と藤原への改姓—

永禄九年十二月、家康が苗字を松平から徳川へと改め、従五位下三河守に叙任された際、源姓を称するようになったとする説は、明治時代に阿部愿氏が主張されて以来、きわめて根強いものがあり、戦後では今谷明氏も同様の説を述べておられる（『武家と天皇』）。しかしながら、これは『群書類従』雑部所収の流布本「歴名土代《れきめいどだい》」や、『朝野旧聞裒藁《ちょうやきゅうぶんほうこう》』第二巻（「内閣文庫所蔵史籍叢刊」特刊第一、汲古書院）所載の永禄九年十二月二十九日付「正親町《おおぎまち》天皇口宣案《くぜんあん》」に、「源家康」と見えることに拠るものであり、夙に渡邊世祐氏が「これ等幕府で手を附けたものに源と書いてあると云う事は毫も信憑すべき価値なきものと信ずるのである」と断ぜられた通り、山科言継《やましなときつぐ》自筆の永禄古写本「歴名土代」（湯川敏治氏編『歴名土代』続群書類従完成会）に、「藤家康」とある方を信用すべきであろう。

そしてむしろ家康はこれ以前、永禄四年から六年にかけて「源元康」と自称した文書を六通ほど発給しているのであり（「家康文書」上巻三七～四九頁、同拾遺集六～七頁、「新修」七四五～七四八頁）、『言継卿記』永禄九年五月六日条に「松平蔵人佐《くろうどのすけ》源家康」と見えることから考えても、家康がこの直前まで源姓を名乗っていたことは間違いない。つまり、永禄九年段階に於ける家康の改姓とは、阿部氏や今谷氏が言われるのとは逆に、源姓から藤原姓への改姓であった。

ところで阿部氏や今谷氏が、永禄九年を以て家康が源氏に改姓したと速断されたのにはわけがある。

この時、家康はその苗字を松平から徳川へと改めているのだが、この徳川という苗字は、清和源氏新田の支流得川家にちなんだ名前であることがよく知られているからである。通常、苗字と姓は連動しているものであり、徳川を名乗るようになったならば、源姓を称するようになったと考えて当然であろう。それでは家康は、新田源氏得川家にちなんだ名前へと苗字を改めながら、なぜ源姓ではなく、藤原姓を称することになったのであろうか。

そのあたりの事情を詳しく知らせてくれるのが先の「前久書状」である。なおこの「前久書状」は、早く渡邊世祐氏によって紹介されて以来、多くの研究に引用されてきたが、難解なくずし字の為か、研究者によって微妙にその翻刻が異なっている。そこでここでは、最も鮮明なカラー図版とともにその主要部分を解読された辻達也氏の翻刻（「徳川氏の系図について」）に従い、その一部を紹介することにしよう。

いにし彼家徳川之事、雖訴訟候、先例なき事ハ公家ニハならさる由、叡心とて相滞候ヲ、吉田兼右、万里小路にて、彼旧記ニ被注置候先例在之一冊ヲ令披見、兼右はなかミニ写、そとわれ〳〵へくれ候、其趣を以申候へハ、被見合勅許候、諸家之系図ニも不乗候、徳川ハ源家にて二流候、そうりやうの筋ニ藤原ニ罷成候例候、

すなわち、かつて家康は朝廷に徳川への改名を訴えたが、先例のないことは公家にはできないと天皇に拒否され、停滞してしまった。そこで吉田兼右《かねみぎ》が万里小路《までのこうじ》家にあった古い記録の中から先例となる一冊を見つけだし、鼻紙に写して前久に渡した。前久がこれを先例として天皇に奏上したところ、

見合わされていた勅許がおりた。この系図は諸家の系図にも見えないもので、徳川家は本来源氏である二流の中から、惣領の流れが藤原氏になったというものであった、というのである。

そもそも、松平や徳川などといった苗字はあくまでも私称であり、その改名に勅許が必要なはずがない。恐らく家康は、永禄九年の叙位任官に際して「源家康」と記された口宣案を希望し、その由緒としての改名を訴えたのであろう。実際、かつて岡崎城中にあったとされる極楽寺の由緒書に載せられた同寺鎮守社の棟札には、「永禄九寅六月十六日／奉勧請新田白山大権現御宝殿造立／源家康」と記されており（『市史』第六巻五〇九頁）、叙位任官を目前に控えた永禄九年六月、家康は「源家康」と称して「新田白山権現」を自らの居城内に勧請している。

この時点において、家康が新田系の源氏を自称していたことは確実であろう。そしてそのような家康の源姓志向が、祖父清康の意志を引き継ぐものであったことも、煎本増夫氏によって指摘されている通りである（『戦国時代の徳川氏』）。例えば三河大樹寺の多宝塔に収められた天文四年（一五三五）の心柱墨書写（『市史』第一八巻一二一頁）や、三河大林寺に伝わる「松平清康禁制」と「松平清康書状」（『市史』第六巻八四九〜八五〇頁）には「世良田《せらだ》次郎三郎清康」と見えており、家康の祖父清康は、確かに新田系の源氏である「世良田」を自称していた。

また二木謙一氏が指摘された通り（『徳川家康』）、三河譜代の家臣でありながら、徳川家に対しかなりの憤懣を抱いていた大久保彦左衛門忠教が、『三河物語』の中に「仁田の内徳河の郷中におはしまし給ふによつて徳川殿と申し奉りき」と記していることの意味も大きい。つまり家康にとって、新田系の源氏を称するということは、後述する関東支配とか、将軍任官などといった事情とは無関係に、父祖以来の「素志」だったことが知られるのである。

もとより、清康以前の松平一族が源姓を称した文書の中には、限りなく疑わしいものも含まれており、三河松平一族が、最初から新田系の源氏であったなどと速断することはできない。中でも、京都の妙心寺に残された寛正二年（一四六一）十一月付「妙心寺本尊仏像記」（『市史』第六巻一一八八頁）に、松平親則や益親が「賀茂朝臣親則」「賀茂朝臣益親」と記されている事実は見逃せず、松平は賀茂氏であったとする重要な論拠とされている。

なおこれらの史料から、松平の本姓を探ろうとする研究も古くから盛んだが、元来「姓」とは、天皇が上から与える形式を取る公式な名前であり、丹波国山国荘のような禁裏領《きんりりよう》荘園の名主でもない限り、天皇と直接の関係を持ち得ない一般庶民に「姓」はない。したがって、土豪・侍・有徳人《うとくにん》層などと呼ばれるクラスであった中世の松平家にも姓はなかった。つまり、永禄九年に家康が初めて叙爵されるまで、源姓にせよ賀茂姓にせよ、松平一族が自称していた姓は、全て広い意味での僭称であり、深く詮索することにあまり意味はないものと考える。

それはともかく、このような父祖以来の「素志」を引き継ぎ、永禄九年の叙位任官に際して、源姓を公認してもらおうと訴えた家康は、「先例がない」として拒否されてしまった。これは、谷口研語氏が推測されているように「礼金の金額をつりあげるために、難癖をつけたというところ」だったのかも知れないが（『流浪の戦国貴族近衛前久』）、より真相に近い指摘としては、「家康の叙爵―改姓問題を執奏しているのが、藤原氏の「氏の長者」である関白近衛前久であったが故に、徳川の氏は藤原にしておく必要があった」という笠谷氏の説の方が、核心を衝いているように思われる。言うまでもなく氏人の叙爵＝従五位下への叙位は、氏長者の最も重要な権能であった。

この点を考える上で見逃せないのは、「前久書状」を徹底的に検討された橋本政宣氏が、陽明文庫所蔵の系図類の中から発見された、この時、兼右が前久に渡したものと思われる次のような系図（「近衛家文書」三七五〇号）である（「慶長七年における近衛家と徳川家康の不和」）。

清和天皇―貞純親王―経基王―満仲―頼信―頼義―義家―義国―義重―義季 号得川也―頼有―頼泰―
―頼尚―尚氏 号藤氏

ちなみに、国史大系本『尊卑分脈』を見ると、義季から家康までの系図は次頁のように記されている。

この二つの系図を比較すると、なるほどこの時、兼右から前久に渡された系図は、「源家にて二流候、そうりやうの筋ニ藤原ニ罷成候例」であったことが諒解される。「二流」とは、得川頼有と世良田頼氏の二流であり、確かに頼有の方が「惣領の筋」であった。そしてこの頼有の流れ（得川家）は、「近衛家文書」の系図によればその曾孫尚氏の代に藤原氏になっていたという。さらに「前久書状」の続きには「只今ハ源家ニ又氏をかへられ候、只今之筋ハそしのすちにて候」と記されているが、ここに見える「只今之筋」とは、右の『尊卑分脈』に追記された世良田教氏からの流れに相違ない。家

系図⑳

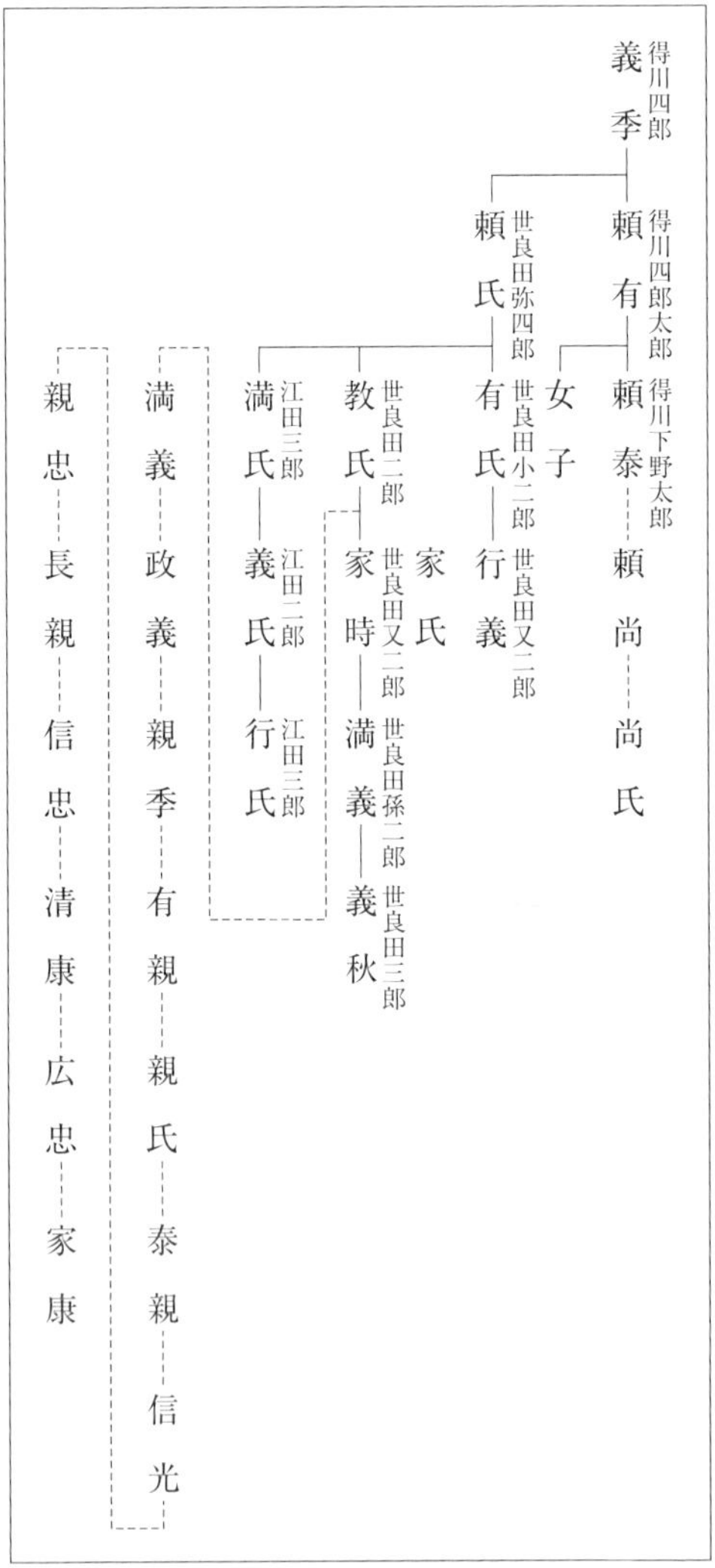

康にとって、この世良田の流れが「そしのすち」＝素志の筋であったことは上述した通りである。

以上のことから、次のような推測が可能となろう。三河松平一族には、遅くとも清康の代までに、新田源氏世良田家の末裔であるという伝承が成立していた。永禄九年、家康はこの祖先伝承を基に「素志の筋」である新田世良田系の源氏として叙爵を受けようとしたが、その執奏を担当したのが藤

氏長者の近衛前久であったため、源氏としての叙任は拒否され、新田源氏の中で、藤原氏となってい
た得川家の末裔として従五位下三河守に叙任された。つまり家康はこの時、藤原姓で叙任を受けるた
めの方便として「徳川」を名乗ることになったのであり、あくまでも家康の素志は「世良田」への改
名であった可能性が高い。とすると、再び「素志の筋」へと系図を書き改めることになった際には、
既に「徳川」の苗字が世に定着していたため、「世良田」への改名を諦めたのかもしれない。

2 天正十六年―関東方面司令官としての源氏改姓―

それでは、このようにして藤原姓を称することとなった家康が、再び「素志の筋」である源姓を称するようになるのは何時からであろうか。「壬生本」の「東照大権現御在世日御昇進官位之記」によれば、元亀二年（一五七一）の叙従五位上から、天正十二年（一五八四）の従三位参議叙任まで、家康は九通の叙位任官文書を全て「藤原家康」として受けている。さらに、天正十四年九月七日付で、遠江国の大通院・龍潭寺《りようたんじ》・鴨江寺の各寺に宛てて出された三通の文書（『家康文書』上巻六九六～六九九頁）でも、家康は「三位中将藤原家康」と自称している。

一方、この時期の家康が「藤原氏と源氏を適宜使い分けていた」証拠として常に取り上げられてきた史料に、天正十四年三月二十七日付「里見義康宛誓書」（『家康文書』上巻六八八～六八九頁）がある。すなわち同誓書に、「殊一性（姓）之儀ニ候間、義康様御身上一廉引立可申事」とあることから、家

康は里見と「一姓」＝新田系の源氏を自称していたというのである。しかし、千々和到氏・滝川恒昭氏の指摘によれば、この誓書は干支が誤っているなど疑問点が多く、後世の偽文書である可能性が限りなく高い（「徳川家康の起請文」「里見氏にあてた家康の起請文」）。

とすると、家康が再び源姓を称するようになったことを示す確実な史料は、天正十六年五月の「聚《じゅ》楽行幸記《らくぎょうこうき》」（桑田忠親校注『太閤史料集』人物往来社）が最初ということになる。この「聚楽行幸記」は、同年四月に行われた後陽成天皇聚楽行幸の様子を、秀吉に命ぜられた大村由己が記述し、その一ヶ月後に提出したものであり、信憑性は極めて高い。その「聚楽行幸記」によると、同年四月十五日、家康を初めとする全国の諸大名は、関白秀吉に対する恭順などを誓った三箇条からなる起請文を提出しているのだが、家康はその起請文に「大納言源家康」と署名している。

この点に注目された笠谷氏は、同年正月、足利義昭が備後の鞆《とも》から上洛して出家し、足利将軍家が名実ともに消滅していることにも着目され、

そして近衛前久の書状によるならば、この源氏への改姓は同時に「将軍望に付候ての事」、すなわち征夷大将軍への任官を射程に置いての処置であった由である。なれば、足利義昭が落飾して足利将軍家が消滅したその時期から、家康が公然と源氏の称を用い始めたというのも納得いくことではないであろうか。

と述べておられる。

しかし果たして家康は、この天正十六年段階において、既に「征夷大将軍への任官を射程に置い

て」源氏に改姓していたのであろうか。無論、そのような「野心」が皆無であったと断言することはできないが、この時点における家康は、あくまでも豊臣政権下の一大名に過ぎなかったのであり、そうした意志を「公然と」示すことなど不可能であったに違いない。そもそも「前久書状」は慶長七年のものと推定されており、天正十六年段階に於ける家康の意志を正確に伝えているとは考えがたい。

ここで注目したいのは「壬生本」に見える徳川秀忠の姓である。「台徳院殿御任官宣旨調進目録」によると、秀忠は、天正十五年の侍従任官から同二十年の権中納言補任に至るまで、五通の任官文書を全て「豊臣朝臣」として受けている。つまり、家康が再び源姓を称するようになったのとほぼ同時期に、嫡男の秀忠は、朝廷から豊臣姓で呼ばれるようになっていたことが知られるのである。

秀吉が、諸大名に対して積極的に豊臣姓と羽柴苗字を授与することで、「豊臣家擁護意識の高揚」を図っていたことを初めて明らかにされたのは二木謙一氏であった（「豊臣政権の儀礼形成」）。氏は、先にも触れた「聚楽行幸記」所載の起請文を分析され、この起請文に署名した諸大名三十二名の内、宇喜多秀家・前田利家をはじめとする二十七名が豊臣姓を称しているのに対し、織田信雄（平）・徳川家康（源）・織田信兼（平）・井伊直政（藤原）・長宗我部元親（秦）の五名だけが豊臣姓を署していない事実を指摘され、

> かれらはこの時点において秀吉とは主従関係が希薄であったのだろう。その他の豊臣姓を署した人々は、いずれも当時、秀吉に対して臣従していた大名たちである。

という注目すべき見解を述べておられる。

しかし、そのちょうど同じ頃、家康の嫡男秀忠が、豊臣姓で叙位任官を受けていることを考え合わせるならば、秀吉に対する徳川の「臣従」は、この時期にもう始まっていたと解釈した方がよい。家康は、まさにそのような時期に、再び源姓を称し始めているのである。これはどのように考えたらよいであろうか。

そもそもこの当時の家康が、どのような形で秀吉に対する「臣従」を迫られていたのかという問題から、この点について考えてみよう。藤木久志氏の著名な業績に示されている通り（『豊臣平和令と戦国社会』）、この当時の家康は天正十四年十一月、秀吉に服属を誓った直後から、「関東惣無事」令の執行役を命ぜられていた。つまり家康は、関東転封を命ぜられる四年近くも前から、いわば「関東方面司令官」という立場で豊臣政権内に位置付けられていたのである。これらのことを考え合わせるならば、家康は関東支配に最も正当性を有する姓として、源姓を選び直していた可能性が高い。東国はもとより源氏にとって「御嚢跡《このうせき》」の地であった（『吾妻鏡』治承四年九月九日条等）。

そのような家康の「ねらい」を全面的に開花させることとなったのが、天正十八年八月の関東転封であった。詳しくは拙著『家康はなぜ江戸を選んだか』に既述したため重複は避けるが、江戸に入った翌天正十九年の十一月、家康は鶴岡八幡宮・建長寺・円覚寺・香取社・三島社などといった関東一円の寺社に対し、「正二位源朝臣」あるいは「大納言源朝臣」と署名した寺社領寄進の文書を大量に発給している（「家康文書」中巻八九～一七六頁、同拾遺集九一～九九頁、「新修」一四三～二〇二・七七五頁）。家康は、まず何よりもこうした鎌倉以来の伝統を持つ権門寺社に対し、自らが源氏であることを誇示することで、その関東支配を円滑に進めようとしていたのであろう。そして、天正末年における彼の源氏改姓は、この方面において最も効果的に活用されていたと評価することができる。

もちろん、天正十六年段階においてそのような改姓が可能となった背景には、笠谷氏が言われる通り、それまで事実上の源氏長者であった足利義昭の出家が関係していた可能性は高い。またあえて源氏に改姓することで豊臣授姓を拒否しようとする意図も働いていただろう。何より家康にとって源氏という姓が、父祖以来の「素志」であったことも見逃せまい。しかし、それら複雑な動機の中で、この時期特有の源氏改姓の意図、それは関東支配の正当性という局面において先鋭的に現れていたと私は思う。

3 慶長五年—最後の源氏改姓と将軍任官—

家康の源氏改姓が天正十六年まで遡り、しかもそれが、必ずしも彼の将軍任官志向と直結するものではないことが明らかになったとすると、「前久書状」に見える「只今ハ源家ニ又氏をかへられ候、(中略)将軍望ニ付ての事候」という文言は、どのように解釈したらよいのであろうか。この謎を解くカギは、天正十九年以降の家康の姓が果たして源姓で一貫していたか否かに隠されている。

天正十九年(一五九一)から文禄三年(一五九四)にかけて、関東一円の寺社に対し「源朝臣」と署名した文書を大量に発給していた家康は、その後、慶長六年(一六〇一)までの七年間、源姓を使用した文書を全く発給しなくなってしまう。その結果、例えば藤井譲治氏が、「家康が源の姓を最初に使用しているのは一六〇一年一〇月に安南国《あんなん》阮潢《グエンホアン》に送った書簡がいまのところ最初であり」(『江戸開幕』)と述べておられるような誤解が生み出されてきてしまった。それでは、この文禄四年から慶長六年に至る七年間、家康の姓はどのような状況にあったのであろうか。

この点を考える上で重要なのは、上述した二木氏の研究にも触れられている通り、文禄四年七月付の「諸大名連署起請文前書案」(『家康文書』中巻二六五～二六六頁)に「羽柴武蔵大納言家康」とあるように、この時期の家康が羽柴の苗字を使用していたという事実である。そして、二木氏は当初消極的であったが、この時代における羽柴苗字呼称者の姓が、まず間違いなく豊臣姓であったこと、つまり、文禄四年前後の家康がまず間違いなく豊臣姓であったことは、その後の多くの研究によって明確にされている(堀新「豊臣秀吉と「豊臣」家康」ほか)。とすると、文禄五年五月八日付の正二位内大臣叙任文書も、「豊臣家康」として出されていた可能性が高い。ちなみに、文禄三年二月付の「伊豆三嶋大明神宛社領寄進状」(『新修』二二一～二二三頁)には「正二位源大納言」と署されているのに対し、同年九月二十一日付「豊臣秀吉知行方目録」(『四日市市史』第八巻七三二頁)には「羽柴江戸大納言殿」と記されているので、源姓から豊臣姓への改姓は、文禄三年の三月から八月頃にかけてのことだったのであろう。

文禄四年当時、家康はまず間違いなく豊臣姓であった。とすると、家康はその生涯を通じて、源姓(私称)→藤原姓→源姓→豊臣姓→源姓と、四回の改姓を繰り返していたことになる。ならばこの最後の改姓こそ、「前久書状」に「只今ハ源家ニ又氏をかへられ候（中略）将軍望ニ付ての事候」と記された源氏改姓であったに違いない。

それでは、豊臣姓から源姓へという家康最後の改姓は、何時断行されたのであろうか。そのことを明確に示す徴証は管見に触れないが、慶長七年の「前久書状」に「只今ハ」とあって、それより余り遡《さかのぼ》るとは考えられないこと、また家康が再び源姓を称し始めるのが、慶長六年正月付の「呂宋《ルソン》国渡海許可朱印状」（『新修』二九八～二九九頁）であることを考え合わせるならば、慶長五年九月、関ヶ原合戦で勝利を収めた直後のこととして大過あるまい。

関ヶ原合戦から僅か五日後の同年九月二十日、朝廷は右大弁勧修寺尹豊《かじゆうじただとよ》を近江大津の家康の陣へと遣わしてこれを慰労している（『お湯殿の上の日記』同日条）。『徳川実紀』によるとその時の詔は、「一戦に数万の凶徒を討滅す事、古今未曾有の武功といふべし、弥《いよいよ》天下太平の政を沙汰せらるべし」として、家康に将軍任官を薦めるものであったという。ところが家康はこうした動きに対し、「さる方の事はいそがぬ事ぞ（中略）我一人己が私をはかるにいとまあらむにや」（落穂集追加『徳川実紀』所収）と言って相手にしなかったとされている。こうした逸話の真偽はともかく、この時期の家康が、将軍任官に向けた動きを全く見せていなかったことだけは事実である。その背景としては、西軍の残党狩りやその処罰、人心の鎮撫、論功行賞などを優先したと見なすこともできようが、より本質的には、合戦の直前まで豊臣姓であった家康が、そのまま将軍宣下を受けた場合、豊臣政権下の一軍事指揮官という立場に落ち着きかねない可能性のあることを恐れたのではないかと私は思う。

それゆえ、家康はまず「源家康」と記された公式文書を朝廷から受け取る必要があった。実際家康は、慶長七年正月六日に「源家康」として従一位に叙されると、同年後半に、「源家康」という印文の朱印を捺した寺社領寄進状や所領宛行状等を大量に発給している（『家康文書』下巻之一、一八四～二九六頁、「新修」三一五～三三九・八〇三頁）。家康が征夷大将軍・源氏長者に補任されるのはそれから間もなく、慶長八年二月十二日のことであった。慶長五年の源氏改姓は、文字通り「将軍望ニ付ての事」だったのである。

おわりに

家康の「源氏公称・改姓」への動きは、その生涯に三度あった。本稿の主張はこの一点に尽きる。

これまでの当該分野に関する研究は、永禄九年説を唱えた阿部愿氏以来、慶長五年説を唱えた渡邊世祐氏から、天正十六年説を唱えた笠谷和比古氏に至るまで、家康の「源氏改姓」はその生涯にただ一度だけであり、しかもそれは必ず彼の将軍任官志向と結びついていたはずだ、という暗黙の前提の上に立っていた。しかし永禄九年、初めて源姓を公認されようとした家康の意図は、あくまでも父祖以来の「素志」によるものであり、将軍任官など思いも寄らぬことであったに違いない。一方、慶長五年の源氏改姓は、前久書状にある通り、「将軍望ニ付ての事」であったことが疑いない。その中間に位置する天正十六年の源氏改姓は、父祖以来の「素志」によるものとも、将軍任官への「野望」を秘めたものとも解釈できて難しいが、私としては、豊臣改姓を迫る秀吉の圧力の下、父祖以来の「素志」を拠り所に、豊臣政権の「東国方面司令官」としての立場を明確にするためのものだったのであり、その意図は、天正十八年の関東転封によって、全面的に開花したものと考えている。

いずれにせよ、家康が永禄九年・天正十六年・慶長五年の三度にわたって源姓の公称・改姓を試みたということと、その三度にわたる「改姓」の意図は、その都度異なるものであったということだけは確実であろう。そして、従来言われてきた「将軍になるため」の源氏改姓は、その最後、慶長五年の改姓に限られるのであり、しかもそれは豊臣姓での将軍任官を避けるための改姓であって、決して「源氏でなければ将軍になれなかった」からなどではなかったのである。

中院　通頼	乾元1 (1302)	――	嘉元2 (1304) 10・29
堀川　具守	嘉元2 (1304)	――	正和3 (1314) 12・2
中院　通重	正和4 (1315) 4・16	――	正和5 (1316)
中院　通顕	正和5 (1316) 10・8	――	文保2 (1318) 11・3
中院　通重	元応1 (1319) 9・1	――	元応1 (1319) 10・18
久我　通雄	元応1 (1319) 11・3	――	元亨3 (1323) 5・2
北畠　親房	元亨3 (1323) 5・13	――	元徳2 (1330) 9・17
久我　長通	元徳2 (1330)	――	正慶1 (1332)
中院　通顕	正慶1 (1332) 7・7	――	正慶2 (1333) 5・8
堀川　具親	建武1 (1334) 5・16	――	暦応3 (1340) 7・8
中院　通冬	暦応3 (1340) 7・18	――	暦応4 (1341) 1・14
久我　長通	暦応4 (1341) 1・18	――	暦応5 (1342) 2・29
中院　通冬	暦応5 (1342) 3・28	――	康永3 (1344) 8・9
六条　有光	康永3 (1344) 9・5	――	康永3 (1344) 12・29
中院　通冬	康永4 (1345) 1・6	――	文和3 (1354) 閏10・25
久我　通相	文和3 (1354) 11・12	――	応安4 (1371) 7・14
久我　具通	応安6 (1373) 12・27	――	永徳3 (1383)
足利　義満	永徳3 (1383) 1・14	――	応永2 (1395) 6・20
足利　義持	応永20 (1413) 10・23	――	応永35 (1428) 1・18
久我　清通	応永35 (1428) 閏3・18	――	永享4 (1432) 7・25
足利　義教	永享4 (1432) 12・9	――	嘉吉1 (1441) 6・24
久我　清通	嘉吉1 (1441) 12・23	――	享徳2 (1453) 9・5
足利　義政	享徳2 (1453) 12・29	――	文明15 (1483) 12・23
足利　義尚	文明15 (1483) 12・23	――	長享3 (1489) 3・26
久我　豊通	長享3 (1489) 6・7	――	永正16 (1519)
足利　義稙	永正16 (1519) 9・27	――	大永3 (1523) 4・9
久我　通言	大永3 (1523)	――	天文5 (1536) 閏10・8
久我　晴通	天文5 (1536) 11・22	――	天文22 (1553) 4・8
久我　通堅	弘治2 (1556) 1・6	――	天正3 (1575) 4・6
徳川　家康	慶長8 (1603) 2・12	――	元和2 (1616) 4・17
徳川　家光	元和9 (1623) 7・27	――	慶安4 (1651) 4・20
徳川　家綱	慶安4 (1651) 8・18	――	延宝8 (1680) 5・8
徳川　綱吉	延宝8 (1680) 8・23	――	宝永6 (1709) 1・10
徳川　家宣	宝永6 (1709) 5・1	――	正徳2 (1712) 10・14
徳川　家継	正徳3 (1713) 4・2	――	正徳6 (1716) 4・30
徳川　吉宗	享保1 (1716) 8・13	――	延享2 (1745) 9・25
徳川　家重	延享2 (1745) 11・2	――	宝暦10 (1760) 5・13
徳川　家治	宝暦10 (1760) 9・2	――	天明6 (1786) 9・8
徳川　家斉	天明7 (1787) 4・15	――	天保8 (1837) 4・2
徳川　家慶	天保8 (1837) 9・2	――	嘉永6 (1853) 6・22
徳川　家定	嘉永6 (1853) 10・23	――	安政5 (1858) 7・4
徳川　家茂	安政5 (1858) 10・24	――	慶応2 (1866) 8・11
徳川　慶喜	慶応2 (1866) 12・5	――	慶応3 (1867) 10・14
久我　建通	慶応4 (1868)	――	明治4 (1871)

武家の源氏長者はゴシックで示した.

氏名	在位期間
源　信	弘仁5（ 814）———— 天長9（ 832）
源　常	天長9（ 832）———— 斉衡1（ 854）
源　信	斉衡1（ 854）———— 貞観10（ 868）
源　融	貞観10（ 868）———— 寛平7（ 895）
源　希	寛平7（ 895）———— 延喜2（ 902）
源　湛	延喜2（ 902）———— 延喜14（ 914）
源　昇	延喜14（ 914）———— 延喜18（ 918）
源　悦	延喜19（ 919）———— 延長8（ 930）
源　等	天暦1（ 947）———— 天暦5（ 951）
重明　親王	天暦5（ 951）———— 天暦8（ 954）
源　高明	天暦8（ 954）———— 安和2（ 969）
源　兼明	安和2（ 969）———— 永延1（ 987）
源　雅信	永延1（ 987）———— 正暦4（ 993）
源　重信	正暦4（ 993）———— 長徳1（ 995）
源　時中	長徳1（ 995）———— 長保3（1001）
源　俊賢	長保3（1001）———— 寛仁3（1019）
源　経房	寛仁3（1019）———— 治安3（1023）
藤原　行成	治安3（1023）———— 万寿4（1027）
源　師房	万寿4（1027）———— 承暦1（1077）
源　俊房	承暦1（1077）———— 保安2（1121）
源　雅実	保安2（1121）———— 天治1（1124）
源　師頼	天治1（1124）———— 保延5（1139）
源　雅定	久安3（1147）———— 仁平4（1154）5・28
源　雅通	仁平4（1154）9・11 ———— 承安5（1175）2・27
源　定房	承安5（1175）———— 文治4（1188）6・19
源　通親	文治4（1188）7・7 ———— 建仁2（1202）10・20
唐橋　通資	建仁2（1202）10・26 ———— 元久2（1205）7・8
久我　通光	元久2（1205）———— 承久3（1221）7・3
堀川　通具	承久3（1221）8・21 ———— 承久3（1221）
唐橋　雅親	嘉禎3（1237）———— 建長1（1249）12・5
堀川　具実	建長1（1249）12・11 ———— 建長2（1250）5・27
土御門顕定	建長2（1250）12 ———— 建長7（1255）4・12
中院　通成	建長7（1255）4・20 ———— 文永6（1269）11・9
中院　雅忠	文永7（1270）———— 文永9（1272）8・3
堀川　基具	文永9（1272）8 ———— 弘安10（1287）
土御門定実	弘安10（1287）1・4 ———— 弘安11（1288）2・19
堀川　具守	正応1（1288）9・8 ———— 正応1（1288）9・12
久我　通基	正応1（1288）9・12 ———— 正応1（1288）10・27
堀川　具守	正応3（1290）4・18 ———— 正応5（1292）4・1
土御門定実	正応5（1292）4・1 ———— 永仁5（1297）10・16
久我　通雄	永仁5（1297）11・13 ———— 永仁6（1298）6・12
中院　通頼	永仁6（1298）7・15 ———— 正安3（1301）6・7
堀川　具守	正安4（1302）4・11 ———— 乾元1（1302）

源氏長者一覧　凡例　在位期間が年のみで月日を欠く部分は推定による.

あとがき

まずは若干長めの「あとがき」となることをお許しいただきたい。
本書刊行のきっかけは、昨年の六月、吉川弘文館から拙著『源氏と日本国王』（講談社現代新書、二〇〇三年）を、「読みなおす日本史」シリーズで復刊したい旨のお便りを頂戴したことに始まる。同シリーズについては、亡き恩師小川信先生の『山名宗全と細川勝元』復刊に際し、若干のお手伝いをさせて頂いたことがあったため、その末席に加えていただけることを、この上なく光栄に感じたものの、その一方で、とてもすぐに承諾する気にはなれなかった。というのも、私がこれまで上梓してきた六冊の単著の中で、『源氏と日本国王』は最も思い入れが強いとともに、実は「なかったことにしたい」作品の一つでもあったからである。なにしろ、
他人を感動させようとするなら、まず自分が感動せねばならない。そうでなければ、いかに巧みな作品でもけっして生命はない。
というミレーのことばを、その「あとがき」に引用したとおり、同書はとにかく自分が「楽しんで」書くことを第一に心がけた「作品」であった。筆の（キーボードの？）勢いに任せて思いのままに書かせてもらった以上、「論理の飛躍」などあたりまえであり、その発想を「楽しんで」もらえればそ

れでよいと思っていた。予想通り、いや予想以上に刊行後の評価は、素直に「楽しんで」くださった読者とともに、その「論理の飛躍」を批判する声も多く、私としては完全に「終わった仕事」と考えていた。それが十数年を閲して、図らずも伝統ある歴史系出版社から「広く学界共有の財産として参照されるべきもの」(「読みなおす日本史」刊行のことば)と再評価いただいたのである。

折しもほぼ同じころ、日本史史料研究会から、洋泉社歴史新書y『征夷大将軍研究の最前線』に「征夷大将軍は「源氏長者」であることが条件か?」という原稿の執筆依頼も頂戴した。ひょっとすると「源氏長者」論はまだ終わっておらず、同書を再び世に問う意味もあるのではないか。そう思う一方で、書名に掲げた中世「日本国王」論や、それと深く関わる「室町殿」論の、ここ十数年間の研究の進展は目覚ましく、同書をそのまま、しかも同じ書名で世に問うことなどできるはずがない。私は数日間悩んだ結果、同書の全面的な改稿と、書名の変更をお許しいただけない限り、その復刊はご辞退申し上げたい旨の返信をお送りした。

すると同社から、今度は「読みなおす日本史」シリーズではなく、『源氏と日本国王』という書名を改め、かつ内容も全面的に改稿した新刊書として出版したい旨のお便りを改めて頂戴した。厳しい出版状況の中、誠にありがたいお話であり、これをお引き受けした次第である。とは言え、十五年も前に一旦完成した「作品」を全面的に改稿することなど容易にできるはずもない。第一余り手を入れすぎると、せっかく「楽しんで」書いたときのテイストが失われてしまいかねない。そこで本書では、主として以下に掲げる五点についてのみ、全面的な改稿を加えたものの、それ以外の箇所については極力、旧著執筆当初のテイストを保つよう心掛けた。もし本書を一読されて、書名を変えただけの旧著復刊のように思われたとしたら、それはそのせいである。

第一に、旧著の書名にも掲げた「日本国王」についてである。日本の王権保持者という意味の抽象概念としての「国王」と、外交称号としての史料用語の「日本国王」号を、半ば意識的、半ば無意識的に混乱して用いた旧著は、源氏長者だから「日本国王」になれた、「日本国王」に封ぜられたから日本の王権を保持し得た、と主張しているかのように誤解されがちであった。もとより私の議論としては、話は逆で、中世・近世における武家王権の首長を示す指標として、源氏長者と「日本国王」という地位に注目したつもりだったが（本書一二八頁・一四二頁参照）、その手法はわかりにくく、橋本雄氏の懇切な新刊紹介（『史学雑誌』第一一三編四号）にある、

本書の議論は、むしろ冊封関係や外交称号云々とはあまり関わらせない方がすっきりして良かったのではないかと思う。

というご批判が、最も的を射ていたと思う。ことに外交称号としての「日本国王」号が、「室町殿」の王権掌握やその維持のために、ほとんど何らの威力も発揮しなかったことは、その後十数年間の研究の進展でほぼ決着を見ており、本書ではこれを改めて自明の前提とし、外交称号としての「日本国王」号を過大視しているかの如き表現は、これをすべて改めた。併せて旧著の書名も改めない限り、本書を刊行できなかった事情もご賢察いただきたい。

第二に、中世日本の「国家主権」という概念についてである。旧著「はしがき」の冒頭に、

「征夷大将軍という地位は、日本の国家主権を示すものではなかった」と記し、これを「本書を通じて私が最も強調したいこと」と書いた真の意図は、高橋富雄氏の『征夷大将軍―もう一つの国家主権―』（中公新書、一九八七年）という、著名な先行研究の書名（特にその副題）を意識しただけの安易なものであり、敢えて概念規定など必要のない、単なる一般名詞と考えていた。とは言え、

社会の多元的構成と政治の一元的統合の欠如を特色とする封建社会の分析に、主権なる制約なき権力形態を適用しようとすること自体、甚だしい時代錯誤ではなかろうか。

という高森明勅氏のご批判（『月曜評論』二〇〇四年三月号）は誠にごもっともであり、本書では必要に応じてこれを「王権」「政権」「最高権力」「政治権力」などと改めた。しかしこの問題の本質は、単に「国家主権」を「王権」に言い換えれば済むなどという話ではない。ここ数年間の当該分野における最大の研究の進展は、今谷明氏『室町の王権』（中公新書、一九九〇年）の議論が、小川剛生氏『足利義満』（中公新書、二〇一二年）によって完全に葬り去られたことにあるとされている通り（『日本歴史』八一二号、新年特集「新書を語る・新書で学ぶ」二〇一六年）、そもそも中世・近世の「王権」の所在を、幕府か朝廷か、天皇か将軍かという二者択一で議論してきたことそのものの反省に立ち戻らなければ、「大政委任論」か「王権簒奪論」かといった不毛な議論に陥りかねない。その意味で未だ本書には、十五年前に主流であった「公武対立型」の議論の尻尾が残っているかも知れないが、足利義満政権にはじまり、大政奉還で終止符を打つ「公武統一型」の「武家王権」論を読み解くカギと

しても、改めて、可能な限り「源氏長者」論を位置づけなおしてみたつもりである（一六三頁参照）。

第三に、氏（ウジ）と家（イエ）の問題である。私は旧著の中で、

姓は父系性的な血縁原理によって継承される「氏（ウジ）」の名前であるため、たとえ誰と結婚しても生涯変わることがないのに対し、苗字は「家（イエ）」という社会組織の名前なので、結婚するまでは生家の苗字、結婚してからは婚家の苗字を名のるということになる。

ということを再三にわたって述べ、その結果として他姓から入り婿をとった家（イエ）の姓は、婿の実家の姓に変わってしまうことがあることを、熱田大宮司家などを例として論じた。しかるにインターネット上では、それでは例えば大江広元が当初中原姓、次いで大江姓を称したことの説明がつかなくなるといったご批判を頂戴してしまった。確かに旧著では、時代性を無視して氏（ウジ）と家（イエ）の本質論にこだわり過ぎた嫌いがあり、本書では、古代から中世・近世と時代を追って、氏（ウジ）が徐々に変質していく過程を確認した（二一七〜二一八頁）。また熱田大宮司家が尾張姓から藤原姓、鎌倉将軍家が源姓から藤原姓へと変わった事実についても、私はこうした特定家業の継承単位こそ、中世における家（イエ）の本質と考えているが、やはりインターネット上には「これは姓が変わったのではなく、職（しき）を別の氏に譲ったものである」というご批判もあり、氏（ウジ）と家（イエ）をめぐる議論には様々な立場があるため、敢えて不毛な議論は避け、これを全面的に削除した。

第四に、旧著刊行後の研究の進展によって事実上否定されたテーマ、もしくは本書の根幹となる主

張とはほぼ無関係で、そもそも論及の必要がないにも関わらず、研究史的に未解決なテーマなどについては、これを全面的に改訂もしくは大胆に削除した。例えば、序章では秀吉の妻おねの出自をめぐる問題、第一章では平野神社と渡来神との関係、第二章では牧の方と平頼盛の親戚関係、第三章では神護寺の「源頼朝像」論争、第四章では足利義稙の源氏長者就任事情、終章では南朝正統論と武家王権についてなどがそれである。なお足利義稙の源氏長者就任に関する旧著批判については、末柄豊氏「足利義稙の源氏長者就任」（『日本歴史』七四八号、二〇一〇年）が秀逸である。是非ご参照頂きたい。

第五に、旧著ではその「あとがき」で、

新書という性格上、典拠史料の引用は最小限にとどめ、参考文献についても必要最低限のものを文中に掲げて、巻末に「参考文献一覧」を付すことは避けた。

と述べたとおり、典拠史料や先行研究を十分に提示しないまま、行論を急いだ嫌いがあった。今回はそれを反省して、特に先行研究には全て当たり直し、研究史も可能な限り最新のものに改めるよう心掛けた。また今度こそ巻末に「参考文献一覧」を付したことは言うまでもない。

そして最後に、旧著執筆とほぼ並行して、言わばその副産物のように脱稿した二本の論文、

・「源師房―摂関家出身の源氏長者」（元木泰雄編『王朝の変容と武者』清文堂「古代の人物」6、二〇〇五年）

・「家康生涯三度の源氏公称・改姓」（二木謙一編『戦国織豊期の社会と儀礼』吉川弘文館、二〇〇六年）

を本書の補論として収録した。なお本書の執筆とほぼ並行して、先にも述べた通り、日本史史料研究

会監修、関口崇史編『征夷大将軍研究の最前線』（洋泉社歴史新書y、二〇一八年）に「征夷大将軍は「源氏長者」であることが条件か？」という拙稿も発表した。併せてご参照頂ければ幸いである。

十五年前の旧著に手を加え、改めて世に問うという作業は、自らの遅々とした研究の歩みを、この十五年間の目を見張るような研究の進展の中に位置づけなおすというつらい作業であった。いわゆる高度情報化社会の中で、近年の研究はますます精緻化・高速化が進んでいるように思われる。しかしより速く、より緻密になればなるほど、何か「一番大切なもの」が忘れ去られてはいないか。新幹線の車窓を通り過ぎるかの如き研究の進展をぼんやりとながめつつ、そう思う。余りの速さについていけない中年の「繰り言」かもしれないが…。

その意味で本書は、アナログ世代とデジタル世代の「はざま」を生きた「平成の中年」ならではの「作品」と言えるのかもしれない。その評価は引き続き、読者の判断にゆだねたい。

平成三十年五月五日　　二十七回目の結婚記念日に、しるす

岡野友彦

参考文献

※図書館などで参照しやすいように、ここでは主として単行本として刊行されているものを掲げた。本文中で述べた論文の発表された年と齟齬があるのは、今日入手可能な単行本としてまとめられた年を記したためである。なお発行年は西暦に統一した。

全体にわたるもの

岡野　友彦『家康はなぜ江戸を選んだか』教育出版、一九九九年
岡野　友彦『中世久我家と久我家領荘園』続群書類従完成会、二〇〇二年

はしがき・序章

石井　良助『天皇―天皇の生成および不親政の伝統』山川出版社、一九八二年
上横手雅敬『日本史の快楽』講談社、一九九六年
河内　祥輔『中世の天皇観』山川出版社「日本史リブレット」、二〇〇三年
坂田　聡『苗字と名前の歴史』吉川弘文館「歴史文化ライブラリー」、二〇〇六年
田端　泰子『北政所おね』ミネルヴァ日本評伝選、二〇〇七年
橋本　政宣「「おた」信長と「とよとみの」秀吉」『近世公家社会の研究』吉川弘文館、二〇〇二年

第一章

奥野高廣「王家と皇家」『日本歴史』四〇二号、一九八一年
黒田俊雄『現実のなかの歴史学』ＵＰ選書、一九七七年
黒田俊雄『歴史学の再生』校倉書房、一九八三年
佐伯智広『中世前期の政治構造と王家』東京大学出版会、二〇一五年
下向井龍彦「「水左記」にみる源俊房と薬師寺」『後期摂関時代史の研究』吉川弘文館、一九九〇年
藤森　馨『改訂増補　平安時代の宮廷祭祀と神祇官人』原書房、二〇〇八年
宮地直一「源氏と八幡宮の関係」『八幡宮の研究』理想社、一九五六年
八代国治「誤られたる淳和院」『史学雑誌』一九編九号、一九〇八年
安田政彦「皇位継承と皇親賜姓」『古代文化』五三巻三号、二〇〇一年
山根有三「伴大納言絵巻の演出について」『史窓余話』一一号、一九九〇年
和田英松「藤原基経の廃立」『中央史壇』二巻五号、一九二一年

第二章

石井　進編『中世の人と政治』「はじめに」吉川弘文館、一九八八年
奥富敬之『天皇家と源氏』三一新書、一九九七年
黒板勝美　更訂『国史の研究』各説上、岩波書店、一九三二年
坂本賞三『藤原頼通の時代』平凡社選書、一九九一年
杉橋隆夫「牧の方の出身と政治的位置」『古代・中世の政治と文化』思文閣出版、一九九四年

竹内　理三『武士の登場』中公文庫日本の歴史六、一九七三年
林　陸朗「桓武平氏の誕生」『日本中世政治社会の研究』続群書類従完成会、一九九一年
兵藤　裕己『平家物語の歴史と芸能』吉川弘文館、二〇〇〇年
藤田　佳希「源経基の出自と「源頼信告文」」『日本歴史』八〇五号、二〇一五年
星野　恒「世ノ所謂清和源氏ハ陽成源氏ナル考」『史学叢説』二、冨山房、一九〇九年
村田　正言「源頼朝と平頼盛」『国史学』一〇号、一九三二年
湯山　学『相模国の中世史』上、自費出版、一九八八年

第三章

青山　幹哉「鎌倉将軍の三つの姓」『年報中世史研究』一三号、一九八八年
岡野　友彦『北畠親房―大日本は神国なり―』ミネルヴァ日本評伝選、二〇〇九年
皇學館大学史料編纂所『福富家文書』皇學館大学出版部、二〇〇七年
佐藤　進一『日本の中世国家』岩波書店、一九八三年
鈴木　由美「征夷大将軍一覧」『征夷大将軍研究の最前線』洋泉社歴史新書y、二〇一八年
滝川　恒昭「里見氏にあてた家康の起請文」『ぐんしょ』五八号、二〇〇二年
田中　大喜『下野足利氏』シリーズ中世関東武士の研究第九巻、戎光祥出版、二〇一三年
堀　新『織豊期王権論』校倉書房、二〇一一年
堀　新「豊臣秀吉は征夷大将軍になりたかったのか?」『偽りの秀吉像を打ち壊す』柏書房、二〇一三年

竹内理三「島津氏源頼朝落胤説の起り」『日本歴史』四九号、一九五二年
渡辺澄夫「野津本『大友系図』の紹介」『大分県地方史』一三四号、一九八九年

第四章

樫山和民「准三后について―その沿革を中心として―」『書陵部紀要』三六号、一九八五年
高橋公明「外交称号、日本国源某」『名古屋大学文学部研究論集』史学三八、一九九二年
竪月基「鎌倉・南北朝期の源氏長者」『日本歴史』六一〇号、一九九九年
田中健夫「足利将軍と日本国王号」『日本前近代の国家と対外関係』吉川弘文館、一九八七年
藤井貞文「久我建通」『國學院黎明期の群像』國學院大學日本文化研究所、一九九八年
二木謙一『中世武家儀礼の研究』吉川弘文館、一九八五年
堀越祐一『豊臣政権の権力構造』吉川弘文館、二〇一六年

終章

網野善彦『「日本」とは何か』講談社学術文庫、二〇〇八年
今谷明『室町の王権―足利義満の王権簒奪計画―』中公新書、一九九〇年
岡田英弘『歴史とは何か』文春新書、二〇〇一年
岡野友彦『院政とは何だったか』ＰＨＰ新書、二〇一三年
小川剛生『足利義満―公武に君臨した室町将軍―』中公新書、二〇一二年
北島万次編『豊臣秀吉朝鮮侵略関係史料集成』1、平凡社、二〇一七年

富田　正弘「室町殿と天皇」『日本史研究』三一九号、一九八九年
鳥巣　通明「大日本史と崎門史学の関係」『大日本史の研究』立花書房、一九五七年
尾藤　正英「水戸学の特質」日本思想大系53『水戸学』岩波書店、一九七三年
三鬼清一郎『織豊期の国家と秩序』青史出版、二〇一二年

補論一

阿部　秋生『源氏物語研究序説』東京大学出版会、一九五九年
上島　亨『日本中世社会の形成と王権』名古屋大学出版会、二〇一〇年
片山　剛「源師房序説」『後期摂関時代史の研究』吉川弘文館、一九九〇年
木本　好信「『土右記』と源師房」『平安朝日記と逸文の研究』桜楓社、一九八七年
坂本　賞三「村上源氏の性格」『後期摂関時代史の研究』吉川弘文館、一九九〇年
坂本　賞三『藤原頼通の時代』平凡社選書、一九九一年
竹内　理三「氏長者」『律令制と貴族政権』第Ⅱ部、御茶の水書房、一九五八年
角田　文衛「夕顔の死」『若紫抄』至文堂、一九六八年
元木　泰雄「三条朝の藤原道長」『院政期政治史研究』思文閣出版、一九九六年

補論二

阿部　愿「徳川家康本姓考」『國學院雑誌』一〇巻九～一一号、一九〇四年
今谷　明『武家と天皇―王権をめぐる相剋―』岩波新書、一九九三年

煎本増夫『戦国時代の徳川氏』新人物往来社、一九九八年
笠谷和比古「徳川家康の源氏改姓問題」『関ヶ原合戦と近世の国制』思文閣出版、二〇〇〇年
滝川恒昭「里見氏にあてた家康の起請文」『ぐんしょ』五八号、二〇〇二年
谷口研語『流浪の戦国貴族近衛前久』中公新書、一九九四年
千々和到「徳川家康の起請文」『史料館研究紀要』三一号、二〇〇〇年
辻達也「徳川氏の系図について」朝日百科日本の歴史『歴史の読み方』八号、一九八九年
橋本政宣「慶長七年における近衛家と徳川家康の不和」『書状研究』七・八号、一九八五・九〇年
藤木久志『豊臣平和令と戦国社会』東京大学出版会、一九八五年
藤井讓治『江戸開幕』集英社「日本の歴史」第一二巻、一九九二年
二木謙一「豊臣政権の儀礼形成」桑田忠親編『豊臣秀吉のすべて』新人物往来社、一九八一年
二木謙一『徳川家康』ちくま新書、一九九八年
堀新「豊臣秀吉と「豊臣」家康」『消された秀吉の真実』柏書房、二〇一一年
米田雄介「徳川家康・秀忠の叙位任官文書について」『栃木史学』八号、一九九四年
渡邊世祐「徳川氏の姓氏について」『国史論叢』文雅堂書店、一九五六年。

著者略歴

一九六一年　神奈川県生まれ
一九八九年　國學院大學大学院文学研究科日本史学専攻博士後期課程単位取得退学
現　在　皇學館大学文学部国史学科教授、博士（歴史学）

〔主要著書〕

『北畠親房―大日本は神国なり―』（ミネルヴァ日本評伝選、二〇〇九年）
『院政とは何だったか―「権門体制論」を見直す―』（PHP新書、二〇一三年）
『戦国貴族の生き残り戦略』（吉川弘文館、二〇一五年）

源氏長者
武家政権の系譜

二〇一八年（平成三十）十月一日　第一刷発行

著　者　岡野友彦《おかのともひこ》
発行者　吉川道郎
発行所　株式会社　吉川弘文館
郵便番号一一三―〇〇三三
東京都文京区本郷七丁目二番八号
電話〇三―三八一三―九一五一〈代表〉
振替口座〇〇一〇〇―五―二四四番
http://www.yoshikawa-k.co.jp/
印刷＝藤原印刷株式会社
製本＝誠製本株式会社
装幀＝河村　誠

ISBN978-4-642-08340-9

室町期公武関係と南北朝内乱

松永和浩著　　A5判・三六四頁／一〇〇〇〇円

室町期における公武関係はどのように形成されたのか。南北朝内乱や室町殿の公家化が、公武関係や公家社会にいかなる変容をもたらしたのかを解き明かす。幕府の「権限吸収」に替わる新たな公武関係の枠組みを構築する。

徳川歴代将軍事典

大石　学編　　菊判・八八二頁／一三〇〇〇円

徳川十五代将軍の治世ごとに、政治・経済・社会・文化など約一〇〇〇項目を収録。将軍の家族や大名・旗本・学者、政策・事件など、最新の研究成果をもとに解説する。主要役職就任者一覧を将軍ごとに掲載し、索引を付す。

公家事典

橋本政宣編　　〈残部僅少〉菊判・一一〇四頁／二〇〇〇〇円

五摂家成立期の平安末期から明治元年に至る、二百九十余家の公卿約三千人を収録。総説、家名解説、系図、詳細な履歴等で構成。付録廣橋家蔵祖本『公卿補任當今』。公家制度と中世・近世期の朝廷を理解するための基本的事典。

（価格は税別）

吉川弘文館